U0939510

汉英篇章结构平行语料库构建与应用研究

冯文贺◎著

科学出版社
北京

内 容 简 介

至今双语平行语料库一般是句对齐，无篇章结构信息，更无结构对齐；而篇章结构语料库的理论、实践一般面向单语。本书研究汉英篇章结构平行语料库的构建与应用。围绕语料库构建，从理论上提出面向汉英双语的篇章结构标注体系和对齐标注策略，有效刻画汉英篇章结构差异；从工程上，开发标注平台，研究标注质量评估，构建汉英篇章结构平行语料库。围绕语料库应用，一是进行小句、连接词等篇章语言统计对比研究；二是规划双语篇章结构自动对齐标注的任务、方案及模型。

本书适合从事语料库语言学、对比语言学、自然语言处理等研究的师生、科技人员及爱好者阅读。

图书在版编目（CIP）数据

汉英篇章结构平行语料库构建与应用研究 / 冯文贺著. —北京：科学出版社，2019.11

ISBN 978-7-03-062504-5

Ⅰ. ①汉… Ⅱ. ①冯… Ⅲ. ①英语－翻译－语料库－研究 Ⅳ. ①H315.9

中国版本图书馆 CIP 数据核字（2019）第 211226 号

责任编辑：常春娥 / 责任校对：严 娜

责任印制：李 彤 / 封面设计：润一文化

科 学 出 版 社 出版

北京东黄城根北街16号

邮政编码：100717

http://www.sciencep.com

北京凌奇印刷有限责任公司 印刷

科学出版社发行 各地新华书店经销

*

2019年11月第 一 版 开本：720×1000 B5

2021年 9 月第四次印刷 印张：14 3/4

字数：247 000

定价：98.00元

（如有印装质量问题，我社负责调换）

教育部人文社科研究基金项目“汉英篇章结构平行语料库构建研究”（13YJC740022）成果

河南省教育厅哲学社科基础研究重大项目“汉英/英汉篇章结构平行语料库构建与语言对比研究”（2016-JCZD-022）成果

序

自然语言处理需要语言知识
——读冯文贺所著《汉英篇章结构平行语料库构建与应用研究》

人工智能是近年来世界瞩目的科技发展前沿，自然语言处理是人工智能的核心任务之一，语篇处理是自然语言处理的蓄势待发的任务。在这种情势之下，构建汉英篇章结构平行语料库，为汉英双语的篇章处理提供有标注的数据资源，是语言学界应承担的责任。

众所周知，诸如机械工程、建筑工程、航空航天工程等物理工程得之于物理学的支撑，诸如炼油工程、化肥工程、农药工程等化学工程得之于化学的支撑，基因工程、农林牧渔产业、医疗健康事业等得之于生物学的支撑。但是，多年来，做自然语言处理的语言工程却主要依赖于数据科学的支撑，与语言学研究各行其道，不相往来，这显然是不符合科学发展的内在逻辑的。

诚然，近年来，在巨大算力、高效算法、巨大规模数据的支持下，基于数据科学的数据驱动方法极大地推动了自然语言处理的发展，特别是机器翻译质量日新月异，在多个应用场景中达到了辅助实用的水平。但是，决不能由此而认为自然语言处理可以脱离由语言学理论指导的语言知识体系，仅仅依靠大数据就行了。

且不说自然语言表达的是无比复杂的客观世界，仅就文本自身的复杂性而言，也是大数据难以支持的。这方面的困难本质上并不在于算力和算法——这方面还有巨大的发展潜力——而在于人类不可能产生足够规模的数据来支持文本中的复杂现象的理解和分析。原因如下：

数据驱动方法处理文本能否成功，最终依赖于训练样本中各种语言现象出现的频次是否足够高。文本中存在大量的上下文相关现象，但其频次与所涉长度的比例呈指数性的衰减；因专业、主题变化而造成词汇和短语（以语义而论）数量的增加，加剧了这种衰减。这就是数据稀疏问题。

一些语言现象在训练样本中表现为低频甚至无频，数据驱动方法无法正确处理这种现象。少数低频或无频现象带来的错误并不会对整个应用效果产生多大影响，但这种低频或无频的现象合起来却非常之多，这就是数据稀疏的长尾表现，它们对于数据驱动方法的处理效果产生了相当大的负面影响。

扩大训练数据量可以缓解这种衰减，可惜的是人类所能产生的文本数量（且不说标注过的文本数量）是有限的，并且其只能随时间的增长而线性地增长。这种线性的增长远不能抵消上述的指数性的衰减，这是单纯的数据驱动方法难以克服的瓶颈。我们看到，机器翻译虽然取得了长足的进步，但一旦遇到具有远距离相关性的长句，往往就会出错；至于变换不同的说法，变换专业领域等，也往往会导致错乱，这就是上述瓶颈的反映。

因此，自然语言处理不能单纯依靠大数据，还需要语言知识的支持。现在，许多有识之士看到数据驱动方法后继乏力，提出需要把数据驱动技术和语言知识结合起来。这种结合的必要性来自于对科学发展内在逻辑的信念，也来自于人类处理自然语言的经验。

为了支持自然语言处理，语言知识的可靠性和适用性非常重要。自然语言处理是以计算机为工具，以真实文本为对象的。因此，这种知识不能仅仅以经典实例为证据，而应当经得住完整的真实文本的考验，应当能为计算机所用。于是，采用标注语料库的方法，以一种全覆盖、可操作的方式展示这种知识，便是必要的了。

本书作者冯文贺老师承担了这一重任，构建了汉英双语篇章对齐语料库，主要工作包括：①在汉语自然段中，根据标点和语义，并使用去除篇章化手段，标注汉语的篇章单位即小句，以此为据并使用去除篇章化手段确定英语的小句；②标注英语小句间的逻辑语义关系的层次结构、各层次的关系类型、关系角色、各关系的中心，以此为据确定汉语小句的对应要素；③在进行上项工作的同时，分别标注汉语和英语的逻辑关系显式连接词，区分其可删或不可删，并且标注隐式连接词。

过去还没有人创建过汉英双语篇章对齐语料库。作者的工作既包括标注体系的理论研究，又包括标注工程的实践，作者还利用标注语料做了面上的和专项的统计分析。这些工作是创新性的，以下几方面更令人印象深刻：

（1）这本书所说的篇章结构，主要是小句间的逻辑语义关系的结构。设计一个表现小句间逻辑语义关系的形式系统，而且要适用于汉英双语，是一项极为困难的任务。小句从语义上看是命题，表现客观世界的事实、关系和人的思想、情感等，千变万化，错综复杂。小句之间的关系则是这些命题之间的关系，复杂程度高了一个等级。凭借人类的思考和表达能力，要表示和处理这种复杂关系，需要抽象出若干离散的特征值。但对于这种连续的无穷维度的关系，恰当的离散化何其困难！作者在这个语料库中目前采用的是并列、因果、转折、解说四个大类，又分十余个小类，依据英语的形式标记和对英语的语感，标注了英语的层次结构、关系类型、关系角色和关系中心，进而套用于汉语。将真实文本中极其复杂的小句关系纳入这一体系，难度是可想而知的。作者并未吹嘘这一体系和做法的科学性，而是深入讨论了工作中遇到的种种疑难和目前的处理策略。

（2）这个语料库对于连接词的处置方式具有独到之处。作者将连接词分为显式和隐式两种，并在汉语文本中把隐式连接词补出来，特别是区分了显式连接词可删与不可删的性质。

（3）这个语料库另一个值得称道之处是小句的切分问题。无论是汉语还是英语，小句切分尚无公认的操作方法。汉语文本中唯一全篇可用的形式标记是标点，但句号、逗号等标点切分出的成分相对于小句的概念来说往往不完整。作者并未回避这一问题，而是引入了“去除篇章化手段”，该手段可以将这种成分改造成合规的小句。

（4）作者通过语料库标注，发现了很多隐含在文本中的语言性质。例如，作者指出，汉语法律文本中表条件的“的”字结构，语法性质上是小句而非短语；其中的“的”是表条件的篇章连接词。这是很有见地的。

以上这些地方都表现了作者尊重语言事实、直面语言事实的科学态度，也表现了作者细致观察、深入思考的能力。作者如此构建的语料库对于语言本体研究及机器翻译等应用具有很好的启发意义。

进行篇章结构分析是一项并不成熟、面临极大困难的工作，在构建汉英篇章结构平行语料库方面，作者已经打下了很好的基础，今后还有更多的工作需要做。

比如，作为篇章的基本单位——小句的界定，作者提出了“去除篇章化手段”的概念，对这个概念还需要做出系统化的可操作的定义。汉英小句的对齐，其实也有成分增减和移动的现象。把这些概念和实际现象标注出来，十分必要。逻辑关系层次、角色和中心的分析都是以小句为基础的。把小句的界定方法说清楚，把汉英对齐小句的成分异同标注清楚，这个语料库就能为计算机自动做小句对齐提供直接的操作指引。

又比如汉英小句间逻辑关系的结构对齐问题。表征小句间逻辑关系的形式标记的是连接词。对比英语，汉语连接词往往隐现，显现的连接词往往有歧义，这对于汉语小句间逻辑结构层次和逻辑关系的分析都带来了困难。标注实践中作者发现对于汉语文本逻辑结构的理解往往会因人而异，对此，作者的解决方式是将英语的分析结果套用于汉语。这实在是无奈之举，因为实际上二者并非完全相同。其实，英语的逻辑结构分析也有类似的困难，只是程度上轻于汉语。如能仔细分析并系统展示汉英在这方面的异同，对于深入认识篇章结构，无疑会有更大的意义。

再比如篇章结构和句子结构的区别。这本书要介绍的是篇章结构方面的工作，但书中的工作主要在句子之内。篇章之内句子之间的结构关系与句子之内小句之间的结构关系有一些相似之处，但毕竟还有很大不同，这是再一个值得深入探讨的问题。

在语言知识体系之上需要建立篇章结构分析的计算模型。作者在这本书最后一章介绍了他对于计算模型的设想。这种设想当然很有价值，但是，如前所述，为支持计算机处理，篇章结构的语言知识体系研究还有许多工作需要做。现在在人工智能的大潮之下，似乎只有做深度学习的计算才是高大上，做语言知识体系的研究似乎不入流了，这种舆论并不正确。基于数据驱动方法的深度学习是有天花板的，与语言知识结合应该是打破这个天花板的合理方法。术业有专攻。语言学工作者需要了解深度学习的基本思想和方法，但并无必要去做设计算法甚至设计程序的工作。适合于计算的自然语言篇章处理的语言知识体系，正是人工智能的重要基础；在探索中建立这种知识体系，正是语言学工作者可以大展身手的用武之地。

愿更多的语言学工作者加入到这一工作中来。

宋柔

2019 年 10 月

目　　录

第 1 章

绪　论

1.1　研究简介：汉英篇章结构平行语料库

汉英篇章结构平行语料库（Chinese-English Discourse TreeBank，简写为CEDT）是为汉英互译文本标注了对齐篇章结构信息的语料库。例（1）给出一个汉英篇章结构的对齐标注文本。

（1）[A] 少年姓孙，//@[并列][B] 属马，@/@[并列][C] 比小水小着一岁，@///@[并列][D] 个头也没小水高，//@[转折][E] 人却本分实诚。（贾平凹《浮躁》）

[1]This boy, a member of the Sun family, //@[并列][2]had been born in the year of the horse. @/@[并列][3]Although he was a year younger @///@[并列][4]and a head shorter than Water Girl,//@[转折][5]he was honest and sincere.（Goldblatt，1991：25；转引自潘文国，2010：320）

（说明：例中上标的字母和数字分别标明汉英小句及其顺序，“/”多少表明篇章结构层次高低，篇章关系用[ ]标记，连接词（Connective）用下划线标记，@标明每一个关系中心项所在的位置。下文用到均同。）

图 1-1 已列出该文本的对齐标注。

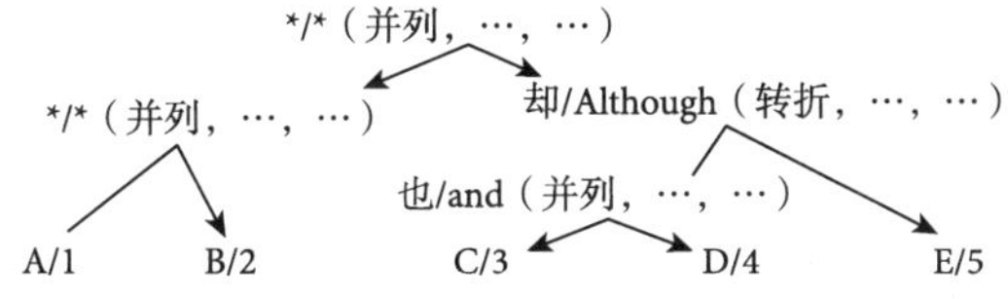

图 1-1　例（1）的汉英篇章结构对齐标注

注：字母/数字为汉语和英语的基本篇章单位及序列；*表示隐式连接词，括号内为连接词各属性，箭头指向关系中心。余同

可以看出，这种对齐既要求语言单位对齐，也要求语言结构对齐，标注了结构对齐信息的篇章结构平行语料库可以为机器翻译等提供较为直接的双语篇章结构转换知识。如例（1）中，汉语的分句组分别转换为英语的句子组合（A，B+C，D，E→1，2+3，4，5），主从结构（A+B→1+2；C，D+E→3，4+5)，句法结构（C+D→3+4）。这些结构中相应的连接词（却/although，也/and）也有不同的转换及位置调整。例（1）的结构关系中双语篇章单位顺序完全一致，然而也可能存在不一致的情况，如因果关系中，通常汉语“原因”在前，“结果”在后，而英语则可能相反。

现有的一些汉英平行语料库工作，一般仅就段落、句子等语言单位进行对齐，并不提供双语结构对齐标注信息，更无篇章层面的结构对齐信息，这使得其在汉英篇章结构对齐知识的提供上作用相当有限。而现有篇章结构语料库主要面向单语，其篇章结构体系不尽一致，也没有基于双语平行文本，由此，难于提供直接的汉英篇章结构转换知识。至今，双语对齐篇章结构知识资源还相当匮乏，这也直接制约了相应的对齐分析技术及更进一步的篇章结构机器翻译等研究的发展。

本书旨在：第一，研究汉英篇章结构平行语料库的理论基础与技术基础；第二，构建一定规模汉英篇章结构语料库，给出基本标注数据的统计结果；第三，基于所开发语料库及相关语料库，进行相关语言统计对比研究；第四，基于所开发的语料库等，进行相关语言技术研究。

1.2 研究现状

1.2.1 平行语料库

平行语料库是机器翻译的基础资源，同时在语料库翻译学、语料库词典学等领域均具有基础性作用。20 世纪 90 年代以来，国际上平行语料库发展迅速，汉英平行语料库基本同步。已完成或正在建设的一些汉英平行语料库有香港科技大学研制的英语和广东话双语语料库，其主要内容是香港“立法”委员会的会议记录（Wu，1994）；北京大学、清华大学、中国科学院共同开发的汉英平行语料库，其开发目的主要是构建一个面向新闻领域的汉英翻译系统，有 10 万多个句对，进行了段落、句子等对齐处理（柏晓静等，2002）；北京外国语大学研制的“通用汉英对应语料库”含 3000 万字/词，包括翻译文本库、百科语料库、专科语料库和对译语句库四部分，实现了汉英文本的句级对齐（王克非，2004）；南京国际关系学院研制的英汉平行语料库容量为2000万词次，英译汉语料占60%，汉译英语料占40%，以句子对齐为主、段落对齐为辅进行了对齐（李德俊，2008）。还有一些专项文献平行语料库，例如：《红楼梦》英汉平行语料库，对英汉句子属性进行了标注（刘泽权等，2008）；莎士比亚戏剧英汉平行语料库，由一种原文及其三种译文构成，容量为600万字/词，进行了词性标注，并在对话层面上实现了对齐（胡开宝和邹颂兵，2009）。

分析可知：第一，从整体上看，现有的汉英平行语料库除做了一般性段落、句子等对齐工作外，很少进行句法、语义等深度标注加工，特别是篇章层面的标注加工，还没见到相关研究和实践。第二，现有平行语料库的对齐加工，一般仅是语言单位对齐，没有结构对齐。由此难以从现有平行语料库中直接获取双语篇章结构对齐知识，进而难以有效服务进一步的机器翻译技术等研究。

综上，为提供双语对齐篇章结构知识，一方面需要为平行语料库标注篇章结构信息，另一方面需要为平行语料库引入结构对齐机制，并通过二者有效结合，创建篇章结构平行语料库。

1.2.2 篇章结构语料库

近年来，随着篇章层面的研究日益受到理论语言学、计算语言学的重视，篇章结构语料库建设发展迅速。以下给出有代表性的篇章结构语料库，并阐述其理论基础。

修辞结构篇章树库：Carlson 等（2003）以修辞结构理论（Rhetorical Structure Theory，简写为 RST）（Mann and Thompson，1988）为指导，建立了 25 类修辞关系，选用宾州篇章树库（Penn Discourse TreeBank，简写为

PDTB）（新闻语料）的 385 篇文章进行标注，创建了英语修辞结构篇章树库。修辞结构认为篇章由较小篇章单位通过一定关系层层组合，最终形成一棵篇章结构树。修辞关系主要是一种逻辑语义关系，包括因果、并列等。修辞关系连接的篇章单位有“核”（Nucleus）与“卫星”（Satellite）之分，“核”居于主要地位，“卫星”居于次要地位，二者的确定与具体关系类型有关，如“因果关系”中“结果”总是为“核”。也有“多核”的修辞关系，如列表关系，其篇章单位均为“核”，同等重要。修辞结构理论较好地刻画了篇章的整体结构，但对于连接词的篇章结构地位反映不足，其对于“核”的确定机制也不具有篇章全局性。

值得指出，为进行篇章结构机器翻译研究，Marcu 等（2000）以修辞结构理论为指导，在英日平行文本上各自独立标注了篇章结构信息，语料规模为 40 篇文本，其中日语含 335 个段落、773 个句子、2641 个基本篇章单位（Elementary Discourse Unit，简写为 EDU），英语含 337 个段落、827 个句子、2363 个基本篇章单位。

宾州篇章树库： Prasad 等（2008）以篇章连接词的论元结构理论（Webber and Joshi，1998）为指导，建立了一个层级化篇章关系体系（共三层，第一层 4 类，第二层 16 类，第三层 23 类），作为连接词的语义进行标注，2008 年公布的宾州篇章树库 2.0 版共标注 40 600 个篇章关系。连接词论元结构中，连接词是篇章级谓词，包括并列连词、从属连词和篇章副词等，连接词所连接的事件、状态、命题等为其论元（Argument）。篇章结构表现为连接词的论元结构，篇章关系表现为连接词的语义。由于连接词（含显式和隐式）并不能覆盖所有篇章，宾州篇章树库中另有 AltLex（篇章关系能推导，但不能用连接词表达）、EntRel（前后篇章单位是实体解释关系）、NoRel（没有关系）等关系。连接词论元结构理论较好地反映了连接词的篇章结构地位，但由于连接词并不能覆盖所有篇章，通常并不能基于连接词论元结构构造一个完整的篇章结构，这样篇章结构的整体性刻画就有所不足。

除以上工作外，还有篇章图库工作，Wolf 和 Gibson（2005）认为树结构描述篇章结构存在局限，提出用图结构表示篇章结构，并采用 Hobbs（1979）的连贯关系作为关系类型，标注 135 篇文章，构建了篇章图库。另外，Asher 和 Lascarides（2003）基于分割篇章表示理论（Segmented

Discourse Representation Theory）构建了一个对话篇章树库。

汉语篇章结构语料库：乐明（2008）依据修辞结构理论定义了 12 类 47 种修辞关系，以句号、问号等标点为标记定义汉语基本篇章单位，完成 97 篇中文财经评论的篇章结构标注。Xue（2005）、Zhou 和 Xue（2012）探讨用宾州篇章树库模式标注汉语宾州篇章树库。张牧宇等（2014）提出一套篇章关系，并进行了汉语篇章结构语料库标注实践。笔者在研究修辞结构理论和宾州篇章树库模式的基础上，提出基于连接依存树（Connective-driven Dependency Tree，简写为 CDT）的篇章结构标注体系，目前在汉语宾州语料上标注了 500 多篇文档（孙静等，2014；李艳翠等，2014）。相对于英语，汉语篇章结构语料库工作尚不成熟。

分析可知：第一，现有篇章结构语料库工作从理论体系到标注实践均面向单语，针对双语的篇章结构平行语料库工作至今都几乎没有进展。第二，虽然可以通过不同单语篇章结构语料库获取双语篇章结构知识，但各语料库的理论体系不同，而汉英两种语言上的篇章结构语料库工作还有一定差距。这都制约了从现有语料库中获取双语（含汉英）篇章结构知识的可能性及有效性。第三，双语对齐的篇章结构分析并不简单等同于单语上的篇章结构分析，需要从对齐角度考虑反映翻译关系的篇章结构。分析例（1）可知，假如不考虑双语对齐问题，其中的汉语篇章结构分析，从结构层次到篇章关系均可能有其他结果。

综上，为较好获得汉英篇章结构对齐知识，需要针对双语翻译，提出适合的篇章结构标注体系，并同时参照汉英双语进行篇章结构对齐标注，进而创建一个汉英篇章结构平行语料库。

1.2.3　篇章结构的语言对比

语言对比对于翻译、语言理论、第二语言教学等具有重要意义，20 世纪中期以后对比语言学在西方得到不断发展，20 世纪 70 年代以后对比语言学在中国也得到较快发展，1990 年以后篇章层面的对比研究逐渐受到重视。已开展的汉英篇章（含篇章结构方面）对比研究主要是定性研究，如彭宣维《英汉语篇综合对比》（2000）、朱永生等《英汉语篇衔接手段对比研究》（2001）、胡壮麟《关系》（载赵世开，2000）等、陆永刚《英汉分号用法对比研究》、马萧等《英汉语篇差异与翻译》（载杨自俭，2002）。近年来，平行语料库的开发为定量对比研究提供了一定条件，也有人开展一些篇章结构的定量对比研究，如黄立波（2007）利用北京外国语大学的“通用汉英平行语料库”对汉英条件、转折、因果三类连接成分的隐显转换从数量、频次、转换类型等方面进行了一定的定量研究。然而整体来看，现有的篇章结构对比研究主要还是一种定性研究，个别定量对比研究受语料库的加工深度限制，还不能对篇章结构的各层面进行深入系统的定量对比分析。

为进行全面深入的双语篇章结构的统计对比研究，我们需要建设相应的双语篇章结构平行语料库，并以此为基础展开系统的统计对比。

1.2.4 双语篇章结构对齐技术

现有双语对齐技术主要是单位（段落、句子、词语等）对齐，少数结构对齐工作还限制在句法结构层面上，尚没有篇章结构对齐技术。现有篇章结构分析技术主要是单语上的工作，基于不同理论基础（RST、PDTB）的篇章结构资源，有不同的技术实现模式，而且不同语种的篇章结构分析并不平衡（英语相对成熟，汉语还不成熟），并不能简单基于单语篇章结构分析技术发展双语篇章结构对齐分析技术。详细的技术现状见 9.2 节。

综上，为有效进行汉英篇章结构对齐分析，需要在统一的理论体系与资源下进行对齐分析技术研究，其中特别需要考虑如何在篇章结构分析的同时进行双语对齐研究。

1.3 本书研究的理论和实际应用价值

（1）所构建的汉英篇章结构平行语料库可为汉英篇章结构对比、翻译等语言学研究及汉英篇章结构自动分析、机器翻译等计算语言学研究提供基础资源，该语料库构建在语言学和计算语言学领域均具有一定应用价值。

（2）汉英篇章结构的平行语料库构建是一项富有开拓性又极具挑战性的任务，本书将有助于探清汉英篇章结构平行语料库构建的问题、理论、方法与技术，有助于探索汉英平行语料库深层加工的一般理论和方法，对于其他语种的篇章结构平行语料库构建也有一定启示意义。

（3）基于所开发语料库给出的汉英篇章结构统计对比数据，可以从数量角度深刻揭示汉英篇章结构的各自特点，对于汉英语言对比、翻译（含机器翻译）等均有重要价值。

（4）规划汉英篇章结构对齐分析的自动分析任务并提出相应计算方法，为进一步的计算研究及其应用奠定一定基础。

1.4 本书结构安排

全书共 9 章：

第 1 章，绪论。初步介绍本书的研究对象——汉英篇章结构平行语料库与主要研究内容，分析相关研究现状及研究意义等。

第 2 章，篇章结构的连接依存树分析。篇章结构表示机制是形式化描写篇章结构知识的理论基础，是汉英篇章结构平行语料库的篇章结构理论基础，结合已有研究提出篇章结构的连接依存树表示机制，并结合语料库标注实践，提出标注规范。

第 3 章，汉英篇章结构的对齐标注。对齐标注是汉英篇章结构平行语料库的核心理论基础。提出对齐与标注并行的双语篇章结构对齐标注策略，结合标注实践，分析对齐标注的难点并提出对策。

第 4 章，汉英篇章结构平行语料库的工程实现。介绍所开发的篇章结构对齐标注平台，研究汉英篇章结构对齐标注的评估方法，分析评估质量。

第 5 章，汉英篇章结构平行语料库的数据统计。给出有关标注数据的单变量和交叉变量统计，初步揭示汉英双语的篇章结构统计差异。

第 6 章，汉语小句的英语对应单位。在汉英篇章结构平行语料库的基础上，提取汉语小句的英语对应单位，进行语法标注，研究汉语小句英语对应单位的统计分布规律。

第 7 章，法律文本中表条件的“的”字结构的英译。在汉英篇章结构平行语料库（法律文本库）的研制中，发现有大量的表条件的“的”字结构，提取汉英篇章结构平行语料库（法律文本库）中表条件的“的”字结构的英语对应单位，对其进行语法标注，研究表条件的“的”字英译的统计分布规律，并从英译对应的角度重新审视表条件的“的”字结构的性质。

第 8 章，内地、香港、澳门公文语篇的并列关系对比研究。在汉英篇章结构平行语料库（港澳文本库）的研制中，发现港澳汉语与内地汉语的语篇结构特点有一定差异，以公文语篇中表并列关系的“的”为观察点，略作考察比较。

第 9 章，汉英篇章结构对齐分析技术研究。本书结合双语篇章结构对齐技术来分析现有对齐技术与篇章结构的分析技术现状，规划了本书所提出的汉英篇章结构平行语料库模式的双语篇章结构对齐分析技术任务，初步设计了基本的计算模型及算法。

第2章

篇章结构的连接依存树分析

2.1 篇章结构的连接依存树表示①

篇章结构表示体系是描写篇章结构知识的理论基础。现有的篇章结构体系一般面向单语，并不针对双语及其翻译，如修辞结构理论基本忽略了连接词的结构性作用，而连接词在篇章结构中有重要的结构和语义作用，在不同语言上也有重要差异，在双语篇章结构转换中有重要作用；宾州篇章树库模式一般不构造完整的结构树，由此难以从全局结构上指导双语篇章结构转换。为此，需结合汉英篇章结构特点及其转换机制，提出适合的篇章结构表示机制。

结构分析和关系分析是篇章结构分析的两个基础性任务，在资源建设中，这两个任务一般同时进行。篇章关系通常是一个较大集合，篇章关系的判定会大大增加篇章结构标注的困难（标注一致性、效率等）。又由于篇章关系的归纳不一，各种篇章结构资源很难进行比较。如何减少结构分析和关系分析的相互依赖、关系分析的分歧及影响，是篇章结构表示机制需要考虑的关键问题。

结合对修辞结构理论树库、宾州篇章树库、汉语复句和句群理论等的研究，提出一种连接依存树的形式表示篇章结构，图 2-1 给出了例（1）的连接依存树表示。

（1）[A] 少年姓孙，//@[并列][B] 属马，@/@[并列][C] 比小水小着一岁，

① 本节主要内容以英文稿在 EMNLP（2014）发表，与李艳翠等合著，见 Li 等（2014）。

@///@[并列][D]个头也没小水高，//@[转折][E]人却本分实诚。（贾平凹《浮躁》）①

[1]This boy, a member of the Sun family, //@[并列][2]had been born in the year of the horse. @/@[并列][3]Although he was a year younger @///@[并列][4]and a head shorter than Water Girl, //@[转折][5]he was honest and sincere .（Goldblatt，1991：25；转引自潘文国，2010：320）

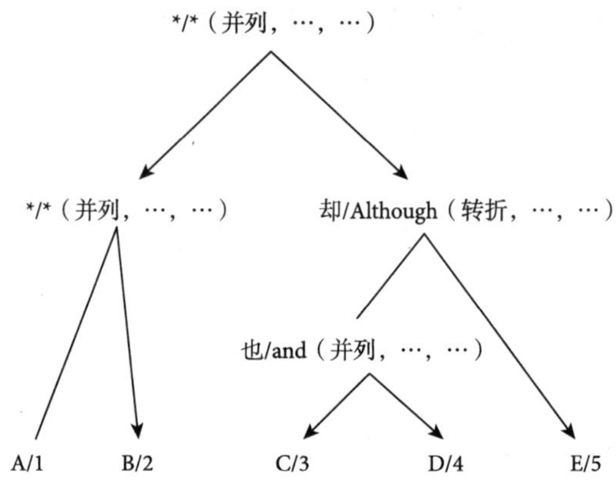

图 2-1 篇章结构的连接依存树表示示例（汉-英双语）

图 2-1 的内容同图 1-1 的内容，将在不同章节重复出现，分别有不同的说明和用处

篇章结构被形式化为一棵树，基本篇章单位是终端节点，连接词居于不同层级的中间节点；连接词通过其管辖（层次）反映篇章的层次结构，通过其词义反映篇章关系；篇章单位角色通过其语序加以常规区别，篇章单位的主次地位（中心和非中心）根据其在高一层结构中的重要性确定，又通过语法形式等表现出来（有向连接线指向中心）。篇章单位属性和连接词属性通过多种标记实现。由于连接词的突出地位，中心又和依存结构相似，将这种连接词驱动的结构树称为连接依存树。

下面对“连接依存树”的基本篇章单位、连接词、篇章关系、主次篇章单位等进行定义和介绍。

① 为不同章节的解释需要，此例及对应的表示示例图将在书中多次使用。

2.1.1　基本篇章单位

基本篇章单位是连接依存树的终端节点。在从上到下的篇章结构分析中，基本篇章单位是篇章结构分析的终点；在从下到上的篇章结构组合中，基本篇章单位是篇章结构分析的起点。基本篇章单位分析是篇章结构分析的基础任务。

一般以小句（clause，也常被称为“子句”“分句”）作为基本篇章单位。小句相对于大句（sentence，一般称“句子”）而言。大句一般可用句号、问号、叹号等句末点号作为标志。如例（1）中，汉语包含 1 个大句（1 个句号），相应的英语包含 2 个大句（2 个句号）。

大句内部可切分出多个小句，小句内部则只能切分出句法成分，不能切分出小句。如例（1）的汉语内部可切分出 A—E 共 5 个小句。而 A—E 每个小句内部则只能切分出主谓宾等句法成分，不能再切分出更多小句。

小句去除篇章化手段（主要是指代、连接词等衔接手段）后，一般可以独立成为句子。如例（1）汉语的 A—E 小句去除篇章化手段后均可独立成为句子，见例（2）。

（2）A' 少年姓孙。

B' 少年属马。（承上去除篇章化手段零代词）

C' 少年比小水小着一岁。（承上去除篇章化手段零代词）

D' 少年个头也没小水高。（承上去除篇章化手段零代词，去除篇章化手段连接词）

E' 少年人却本分实诚。（承上去除篇章化手段零代词，去除篇章化手段连接词）

例（1）中汉语的 A—E 小句，是根据汉语自身特征切分出来的，是汉语的自然小句。而英语 1—5 片段是根据汉语 A—E 小句对应切分而来的（关于对齐分析，见 2.2），是汉语小句的英语对应单位（Corresponding unit of Chinese clauses）。在汉英篇章结构平行语料库中，从对应汉语小句的角度来看，小句对应单位也是最小篇章单位，不再对其内部进行切分。就实际语料看，这些小句对应单位多是英语的自然小句，但也可能是比自然小句大的单位（如句子）或比自然小句小的单位（如短语）。

对于例（1），当然也可以首先定义和切分出英语的自然小句，然后在汉语中寻找其英语小句的汉语对应单位（Corresponding unit of English clauses）。一种可能的切分与对应如例（3）所示：

（3）[A]少年姓孙，//@[并列][B]属马，@/@[并列][C]比小水小着一岁，个头<u>也</u>没小水高，//@[转折][D]人<u>却</u>本分实诚。

[1]This boy, a member of the Sun family, //@[并列][2]had been born in the year of the horse. @/@[并列][3]<u>Although</u> he was a year younger and a head shorter than Water Girl, //@[转折][4]he was honest and sincere.

如果不论自然小句和对应单位的语言方向，相对于自然小句切分出来的这些对应单位均可称为小句对应单位。在汉英篇章结构平行语料库中，自然小句与小句对应单位都是基本篇章单位，都不再对其内部进行分析。

在汉英篇章结构平行语料库创建中，需要根据汉语、英语各自的语言特征定义自然小句，而小句对应单位则是根据语义对等原则和一定的方法寻找最优对应片段。

自然小句一般可从语义、语法等方面入手，分别从结构、功能、形式等角度定义。相比一般语言研究工作，语料库工作中自然小句的定义要更具完备性和可操作性。完备性要求要适合任何一个小句的切分，可操作性要求判定标准相对明确，最好有形式化标准。

汉语、英语的自然小句有一些共同特征，也有一些重要差异。对汉语和英语自然小句的定义，既要考虑跨语言的共性，又要考虑个别语言的特性。在汉英篇章结构语料库中，需根据语料翻译方向和小句对齐的参照方向，分别各自定义汉语和英语的自然小句。

一般来说，母语者对母语有更好的语感。汉英篇章结构平行语料库工作中，标注者均为汉语母语者，对于汉语自然小句的把握要远胜于对英语自然小句的把握。在实际工作中，除参照已有研究外，也从汉语语料中直接归纳定义汉语自然小句。而对于英语自然小句，则主要从汉语小句的英语对应单位中归纳。

在篇章结构平行语料库中，参照一种语言（研究者对这种语言更熟悉，或更好定义全部或部分小句）的自然小句，寻找其在另一种语言中的对应单位，可以更好地定义和理解另一种语言的自然小句。如对于例（1），汉语母语者对汉语中 A—E 的小句身份判断是明确的，而对于对应英语中何为小句则相对模糊得多，通过对应单位的寻找，可以相对深刻地理解英语的小句。如例（1）英语的 1—5 从某种意义上看也均是或比较接近英语的自然小句。类似汉语 A—E 小句去除篇章化手段可以独立成为句子，英语的 1—5 对应单位去除篇章化手段后也可以独立成为句子，见例（4）。

（4）1' This boy, was a member of the Sun family.（去除篇章化中的从属化：变逗号为动词来连接主谓结构）

2' This boy had been born in the year of the horse.（去除篇章化手段零代词）

3' ~~Although~~ he was a year younger than Water Girl.（①去除篇章化手段连接词；②去除篇章化手段零替代）

4' ~~and~~ he was a head shorter than Water Girl.（①去除篇章化手段连接词；②去除篇章化手段零替代）

5' he was honest and sincere.

事实上，小句分析困难在实际语料中不可避免。不同篇章结构分析策略中，小句分析困难所产生的影响不同。在从上到下的篇章结构分析中，小句分析是篇章结构分析的终点，小句分析可以借助整体结构分析得以明晰，是一个由易到难的过程，有利于提高分析效率，并且即使未得到彻底划分的小句，也不至于影响篇章整体结构。而在从下到上的篇章结构分析中，小句分析是起点，小句分析的困难将直接影响篇章结构分析的效率，小句分析错误可能传导至篇章结构整体。在汉英篇章结构平行语料库的创建中，采用从上到下的篇章结构分析策略，避免小句分析困难是一个重要考虑。

2.1.2　连接词

连接词是连接篇章单位的纽带，有重要的篇章结构作用。连接词的篇章结构作用表现在以下一些方面（属性）。

（1）语法功能上，连接词总是连接（管辖）至少两项篇章单位。从这个意义上，连接词不限于传统连词，只要是起小句或语段连接作用的语言单位（主要是词，但也可能是短语等）均为连接词。

（2）结构位置上，连接词通过所管辖的篇章单位范围大小，来反映其篇章结构层级。图 2-1 显示，不同的连接词处于不同的层级结构上，这也说明连接词通常并不属于某一局部小句，如例（5）中“但是”和“不论”虽然同处一个小句（D），但它们却有各自的管辖范围，居于篇章结构的不同层级（见图 2-2）。（见 2.1.3 的进一步论述）

（5）[A]张三（才）30 出头，[B]（而且）既没有什么学历，[C]又没有多少新的工作经验，[D]但是不论干什么，[E]他都非常认真，[F]所以，处长总是把一些重要的任务交给他。

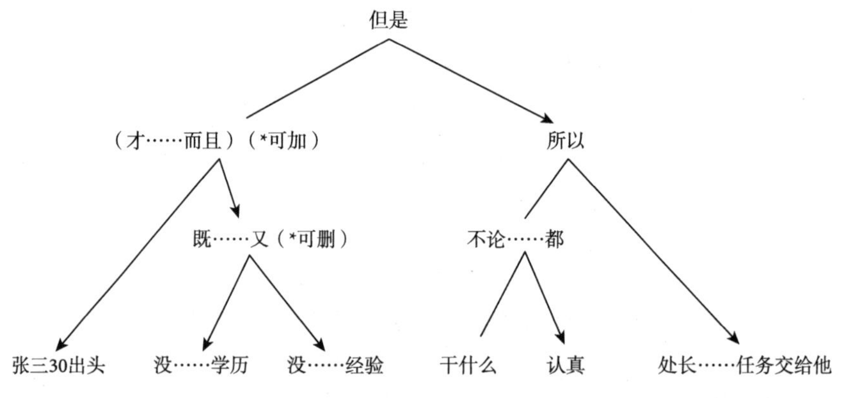

图 2-2　篇章结构连接依存树实例[例（5）]

（3）语义功能上，连接词可以提示篇章单位间的语义关联，一定的连接词往往表征一定的篇章关系类型，一定的篇章关系类型往往由一定的连接词表征。（见 2.1.4 的进一步论述）

（4）显隐及转换。在现实文本中，一个篇章关系若有连接词表示，则该关系为显式篇章关系；若无连接词表示，则为隐式篇章关系。已有研究表明隐式篇章关系较难处理（Pitler et al.，2009；Lin et al.，2009），汉语较英语隐式篇章关系具有更为突出的地位[①]（姚双云，2006；Pitler et al.，2008）。

相比较而言，英语的连接词更具语法性，显隐具有更多强制性，一般不能转换；而汉语的连接词更具语用性，显隐具有较少强制性，显隐多可相互转换。如例（1）中汉语的连接词（“也”“却”）删去后，并不影响语段的合法性，而相应的英语连接词（“and”“although”）则不可删除，否则会影响英语语段的合法性。

据此，CEDB 对英语语料仅标注连接词的显隐，而对汉语语料则标注连接词的显隐及转换。在语料库中，对汉语连接词的显隐做以下处理。

第一，区分显式连接词的可删除与不可删除。通常连接词可删除的篇章关系可转化为隐式篇章关系，连接词不可删除的篇章关系不能转化为隐式篇章关系。如例（5）中为可删除的连接词（“既……又”）添加了可删除标记，为不可删除的连接词（“但是”“所以”“不论……都”）作无标记处理（见图 2-2）。这一处理可为隐式篇章关系提供正反两方面的分析语料。

第二，为隐式篇章关系添加连接词。如例（5）中“才……而且”的添加（见图 2-2）。值得指出，并不是所有隐式篇章都可添加一个完全符合语感的连接词，但理论上均可添加一个语义上合适的连接词。为此，可对添加的连接词区分是否符合语感。

（5）单一与复合。连接词不限于一个词或按语序连接的语言成分。多数连接词可单用，如例（5）的“但是”“所以”均为单用。相互配合共同表示一种篇章关系的关联词或其他成分作为一个复合连接词使用，如例（5）中，“既……又”“不论……都”均作为一个连接词使用，因为配合使用的关联词语，起的是同样的连接作用，连接的是同样的篇章单位。复合连接词在连接依存树中占据一个结构位置（见图 2-2）。

（6）线性位置及角色标记作用。连接词有的在前分句，有的在后分句，不同位置上的连接词对篇章关系角色的标记作用不同。如例（5）的“不论……都”中，“不论”标记其所在的小句为条件项，“都”标记其所

① 以汉语复句来看，姚双云（2006）统计了《人民日报》语料中的 583 181 个复句，其中有标复句 165 096 句，占复句总数的 28.3%，无标复句 418 085 句，占复句总数的 71.7%（注：有标、无标即指有无连接词）。Pitler 等（2009）对宾州篇章语料库的统计显示，英语中隐式篇章关系与显式篇章关系大约各占一半。

在的句子为结果项。复合连接词的使用正在于连接词的不同标记作用。连接词在小句中的线性位置也有不同，有的在小句首，有的在小句中。

在汉英篇章结构平行语料库中，将对汉英连接词的以上属性予以标记，这些属性对于刻画汉英连接词的对应、差异、转换有着非常重要的价值。

2.1.3 篇章结构与连接词

连接依存树中，基本篇章单位居于最低节点，连接词居于不同层级的高层节点上，整个篇章结构构成一个树形图。直观上篇章结构分析可看成是各个连接词的不同层级地位分析（管辖分析），而本质上连接词的不同层级地位反映的是篇章单位的组合层级。在具体篇章结构分析中，连接词的层级关系地位判断和篇章单位的组合层级判断往往是相互促进的。如例（5）中，根据“才……而且”“既……又”这 2 个配合使用词语的所在位置，可以较清晰地判定小句 A、B、C 之间的组合关系。

反过来，只有较好把握篇章单位间组合关系，才能准确判定连接词的层级地位。如在例（5）中，只有把握篇章内部的组合关系，才能准确判定“但是”“所以”的管辖范围。比较例（6）中的 a、b、c、d：

（6）a. ^{A}张三才 30 出头，//^{B}既没有什么学历，///^{C}又没有多少新的工作经验，/^{D}但是~~不论干什么，///^{E}他都非常认真，//^{F}所以，~~领导总是把一些重要的任务交给他。（√，说明“但是”管辖终点在段尾的 F 句）

b. ^{A}张三才 30 出头，//^{B}既没有什么学历，///^{C}又没有多少新的工作经验，/^{D}但是不论干什么，///^{E}他都非常认真，//^{F}~~所以，领导总是把一些重要的任务交给他~~。（×，说明“但是”管辖的终点不在中间 E 句）

c. ^{A}~~张三才 30 出头，//^{B}既没有什么学历，///^{C}又没有多少新的工作经验，/^{D}但是~~不论干什么，///^{E}他都非常认真，//^{F}所以，领导总是把一些重要的任务交给他。（√，说明“所以”管辖的起点在 D 句）

d. ^{A}张三才 30 出头，//^{B}既没有什么学历，///^{C}又没有多少新的工作经验，/^{D}~~但是不论干什么，///^{E}他都非常认真，~~//^{F}所以，领导总是

把一些重要的任务交给他。（×，说明“所以”管辖的起点不在句首A句）

这里需要特别说明，表面上篇章结构表现为连接词的不同层级地位，但本质上连接词的不同层级地位反映的是篇章单位的组合层级。所以篇章结构分析的根本任务是分析篇章单位的组合层级。连接词的层级分析虽然可以促进篇章结构分析，但并不意味着篇章结构分析必然依赖于连接词的层级判定，甚至可以由连接词的层级或管辖分析所代替。在结构分析过程中，分析者通常的分析流程是先进行结构分析，然后才把相应的连接词挂靠到其所归属的层级上。该操作流程反映的本质是，连接词的层级判定依赖于篇章单位的层级判定，而不是相反。

还有一点值得指出，正因为篇章结构的构建不依赖于连接词的层级或管辖确定，所以总能构造出篇章的完全结构树。在这一点上，CDT 和同样采用了基于连接词思想的 PDTB 有着根本不同，PDTB 的篇章结构完全由连接词的管辖而定，篇章结构是隐含的；又因为其对隐式关系分析不完全，所以一般情况下在 PDTB 中看不到一棵完整的篇章结构树，当然，PDTB 可能也没有以构造一棵完整的篇章结构树为目标。所以，虽然 CDT 和 PDTB 同样利用了连接词的管辖表示篇章的层级地位，但二者的宗旨和结果有着质的不同。

2.1.4　篇章关系与连接词

篇章关系分析是篇章结构分析的基本任务。对于篇章关系表示，一般的做法（如 RST）是直接给出并列、转折、因果等抽象关系类型。连接依存树的做法是：用连接词直接表示篇章单位间的篇章关系。如图 2-2，“没……学历”与“没……经验”之间的关系为“既……又”，二者进一步组合后与“张三 30 出头”构成“才……而且”关系。如此，既可表示篇章关系，又一定程度上避免了篇章关系标注中抽象分类与判断的分歧，从而可获得一个标注高度一致的篇章结构关系标注语料。基于这种策略构建的标注语料便于扩展，也便于与其他相关资源进行对比。所以，“连接依存树”与连接词在依存树中的独特结构地位和关系表示作用有关。

在连接词直接表示篇章关系的基础上，笔者对连接词进行了抽象概括，形成了一个篇章关系体系（见 2.1.5），又进一步将该体系作为连接词的语义进行标注，这样即可形成一般标注了抽象篇章关系类别的篇章结构标注语料库。这种做法类似于 PDTB。

通常情况下，一个连接词代表一种篇章关系，但也存在个别连接词存在歧义或多义的情况。比如“于是”可能表示顺承关系，也可能表示因果关系。反过来，同一种篇章关系也可能由多个连接词表示。

值得指出，由于连接词的层级管辖判定和篇章关系表示判定被作为两个相对独立的任务，无论连接词是否多义，表何种意义等，均不会影响篇章结构本身的标注。同时，由于连接词可直接表示篇章关系，无论其抽象类别体系有何种调整，都不会从根本上动摇篇章结构语料库的基础。

2.1.5 基于连接词的篇章关系体系

连接词直观反映篇章关系，对其进行不同层级的抽象可形成一个层级关系体系（见图 2-3）。一般而言，连接词是一个封闭集合，对所有连接词进行抽象分类即可形成一个完整的篇章关系体系。

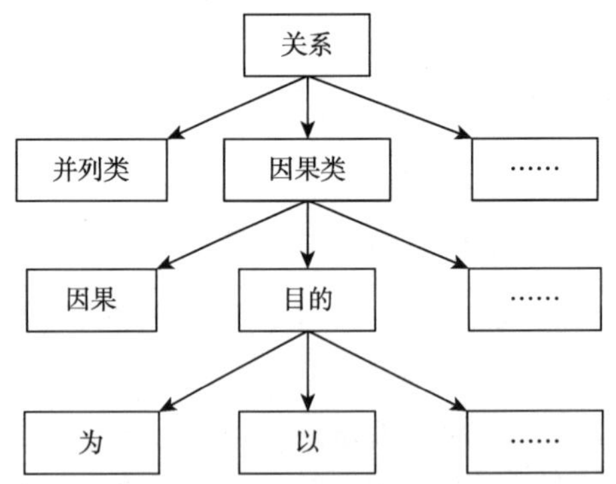

图 2-3　基于连接词的篇章关系层级体系（框架）

原则上，篇章关系的层级和类别都不是封闭的，均可根据具体应用目的或情况进行增加或调整。理论上，篇章关系体系是一个独立模块，资源结构标注部分本身并不涉及关系体系问题。二者的关系在于，在篇章结构标注资源上对篇章关系体系进行不同抽象层级的运用，即可获得不同抽象等级的篇章结构关系标注资源。如何运用这个篇章关系本体取决于不同使用者对标注资源的具体应用目的。值得指出，由于将标注资源和篇章关系相对独立，篇章关系无论做何种调整，都不会从根本上影响篇章结构标注资源的稳定性。

2.1.6　篇章关系中心与非中心

篇章关系所连接的篇章单位，根据其是否为意图重点可区分为篇章关系中心和非中心。在这一点上，连接依存树的处理类似于修辞结构理论篇章树库，而不同于宾州篇章树库。宾州篇章树库把连接词所连接的篇章单位分为 Arg1 和 Arg2，不过二者的区分并不代表任何语义内容。

是否为意图重点要从全局看，而非由关系本身所能决定。一般情况下，一个关系中的两个关系项，哪一项能够作为代表项对外构成其上一层的结构关系，则该项为该关系的中心。如例（5）中，D—E 中哪一个是中心，取决于 D、E 哪一项能够与 F 构成上一层的“所以”（因果）关系。根据比较，E 为 D—E 的中心，见例（7）a、b，注意粗体部分的区别。

（7）a. [D]**但是不论干什么**，[F]<u>所以</u>，处长总是把一些重要的任务交给他。(×)

b. [E]**他都非常认真**，[F]<u>所以</u>，处长总是把一些重要的任务交给他。(√)

同理，DE—F 中，DE 与 F 哪一个是中心，取决于能够作为代表与外发生联系来构成上一层的“但是”（转折）关系。根据对比，F 是 DE—F 中的中心，见例（8）a、b，注意粗体部分的区别。

（8）a. [A]张三（才）30 出头，[B]（而且）既没有什么学历，[C]又没有多少新的工作经验，[D]**<u>但是</u>不论干什么**，[E]**他都非常认真**。(×)

b. [A]张三 30 出头，[B]既没有什么学历，[C]又没有多少新的工作经验，[F]**<u>但是</u>处长总是把一些重要的任务交给他**。(√)

这种确定关系中心的机制和修辞结构理论有根本不同。修辞结构理论主要是根据关系类型来静态定义中心，比如定义“因果”关系时，“结果”为中心，因此，这种中心本质也是局部的，即根据当前关系类型确定中心。而在连接依存树中，关系中心是动态的，它不由当前关系类型本身来静态确定哪一个关系项为中心，而是根据全局结构（操作上可仅根据上一层结构关系）来动态确定。

不过，中心的分布与关系类型及其角色、关系项的前后有一定关系。如在转折关系中，转后的部分一般是中心，因果关系中结果多是中心，但这种分布是后验的概率分布问题，而不是由先验的静态决定。同理，中心在前还是在后也是一个概率问题，它和语言有关，也和关系表达有关。

篇章关系中心的区分，对于篇章结构分析应用于自动文摘等系统具有重要作用。例如，如果仅选一个句子作为例（5）的摘要，最大可能是选择图 2-2 最低层、最右端的小句：处长……任务交给他。

2.1.7 篇章关系角色与其分布常规

对于一个篇章关系，构成该关系的篇章单位在结构关系中充当的角色不同，如在“因果关系”中，关系项分别充当“原因”与“结果”项。这些篇章关系角色在语言中有一定常规分布位置，如汉语一般为“原因”在前，“结果”在后；但在具体的语境中，也可能存在“结果”在前，“原因”在后。通过制定关系的角色常规来标注一个关系的角色是否符合这一常规。

2.1.8 与相关理论的比较

目前的篇章结构理论研究最具代表性的是修辞结构理论（RST）和宾州篇章树库体系（PDTB），下面将本书基于连接依存树的篇章结构表示体系 CDT 和它们进行简单的对比。

篇章单位：RST 与 CDT 均定义基本篇章单位。但二者分析策略不同，RST 采用从下至上的结构组合策略，首先从整体篇章中切分出基本篇章单位，进而对其进行逐层组合，构成篇章结构；而 CDT 采用从上至下的结构分析策略，最后才确定基本篇章单位。PDTB 不直接定义篇章单位，而是首先确定连接词，进而确定连接词的论元，论元基本相当于篇章单位。PDTB 并不需要区分基本篇章单位与非基本篇章单位。

篇章结构：RST 与 CDT 均为完整篇章结构树，由篇章单位从小至大逐层构成。二者的区别是，RST 中连接词没有结构地位，CDT 中连接词有结构地位，即通过连接词的论元管辖范围体现其层级地位。PDTB 的篇章结构由一个个连接词论元结构构成，通过连接词论元结构的管辖可以推导出一定的整体篇章结构，但由于其连接词论元结构并不能覆盖完整篇章，所以难以构造完整的篇章结构树。PDTB 和 CDT 中连接词都有结构地位，但有所不同。PDTB 中连接词的结构地位是基础性的，没有连接词则无篇章结构；而 CDT 中连接词的结构地位是依附性的，篇章结构的构造并不依赖于连接词，连接词的层级管辖是篇章层级结构的反映。在分析程序上，RST 从下至上构造篇章结构，小句分析是起点；CDT 则从上至下分析篇章结构，小句分析是终点；PDTB 按线性顺序寻找连接词，确定其论元管辖。

连接词：RST 中连接词没有结构地位；连接词作为篇章关系类别的线索词，但在语义表示上并不直接关联。在 CDT 和 PDTB 中，连接词均有结构地位，但如上所述，二者结构地位有基础性与依附性之别；连接词均作为篇章关系类别的标志，篇章关系类别作为连接词的语义，二者在语义表示上直接关联。CDT 进一步区分了连接词可否删除及所添加连接词是否符合语感，而 PDTB 未做区分。

篇章关系：三者均自定义了篇章关系类别，但 RST 是直接为篇章结构标注关系类别，而 PDTB 和 CDT 均将篇章关系作为连接词的语义进行标注。

关系中心：RST 和 CDT 均区分篇章关系所关联篇章单位的主次地位（中心与非中心），但主次地位的决定原则有差异。RST 的中心与非中心（“核”与“卫星”）由具体的篇章关系类别及其角色静态决定；而 CDT 的中心与非中心由全局结构关系重要性动态决定，并不由具体的篇章关系类别及其角色静态决定；PDTB 则不区分篇章单位的主次地位。

篇章关系角色：RST 和 CDT 的篇章关系角色均与篇章关系类型相关，并有具体语义内容，但二者关系角色的确定方式不同。RST 的篇章关系角色与篇章关系中心绑定，确定关系中心的同时确定关系角色。CDT 的篇章关系角色根据关系类型中角色的语序分布常规确定。PDTB 的关系角色根据连接词的有无区分为 Arg1 与 Arg2，与篇章关系类型无关，也不代表语义内容。

具体对比结果如表 2-1 所示。

表 2-1　CDT 与 RST 和 PDTB 体系对比

类别	RST	PDTB	CDT
篇章单位	定义基本篇章单位	不定义基本篇章单位	定义基本篇章单位
	首先切分出基本篇章单位，从下至上构造更大篇章单位	定义连接词，确定其论元内容	从上至下最后切分出基本篇章单位
篇章结构	完整篇章树结构	连接词论元结构（集合），非完整篇章树结构	完整篇章树结构
	连接词无结构地位	连接词有结构地位，管辖范围标志结构层次，可推导出一定树结构，但难以构造完整篇章树结构	连接词有结构地位，管辖范围标志结构层次，但篇章树结构不依赖于连接词
	从下至上组合	线性顺序分析连接词论元结构	从上至下分析
连接词	无篇章结构地位	连接篇章单位，有篇章结构地位，基础性作用	连接篇章单位，有篇章结构地位，依附性作用
	—	标注显式连接词；添加隐式连接词	标注显式连接词及是否可删；添加隐式连接词及语感好否
	作为篇章关系线索	标志篇章语义关系	标志篇章语义关系
篇章关系	定义关系类别	定义关系类别，作为连接词语义	定义关系类别，作为连接词语义
	为结构标注关系类别	关系类别作为连接词语义标注	关系类别作为连接词语义标注
关系中心	中心由具体关系类别及其角色决定	—	中心由全局结构关系重要性决定，与关系及其角色无直接关系
篇章关系角色	与关系类型有关，有语义内容	与关系类型无关，不代表语义内容	与关系类型有关，有语义内容
	与篇章关系中心绑定	据连接词有无，分 Arg1 与 Arg2	与角色的语序分布常规绑定

从以上对比可知，CDT 兼采 RST 的整体结构与 PDTB 的连接词论元结构，并将二者加以融合。在结构分析程序（从上至下）、连接词处理（连接词的删除、添加及语感）、中心、关系角色等的处理上，CDT 都有一些独特的地方，分别考虑了双语对应特点、篇章本质及语料库标注的可操作性等。

2.1.9　优劣分析

CDT 将 RST 的整体结构和 PDTB 的连接词论元结构加以融合。篇章结构整体与连接词的结构地位是篇章结构的基本事实，也是重要特征，二者的有机融合有利于系统刻画篇章结构的基本属性。特别是，连接依存树有利于综合篇章结构全局与连接词等方面信息，系统指导双语篇章结构对比分析及翻译研究。不过，相对来说，在篇章结构全局中，双语篇章结构在底层结构（复句或复杂句层面及以下）上差异较大，在高层结构（句群及以下）上差异较小，如此，就应用双语翻译而言，有相当的高层结构分析信息是冗余的。

篇章单位在篇章关系中有主次之别，是篇章关系表达的基本事实与特征。连接依存树区分篇章单位在关系表达中的主次地位，而且其中心由全局决定，该中心确定机制更符合篇章本质。从指导双语篇章结构翻译的角度看，汉英双语在篇章单位的主次表达上有差别，特别是英语有主从句等形式区分，而汉语相对缺乏；连接依存树刻画篇章单位主次地位，有利于指导双语篇章主次表达的对比分析及转换。

关系角色有语义实质，语序分布相对稳定而又有所变化且存在语言差异。连接依存树的关系角色分析更符合篇章本质，确定机制更简单稳定，而且有利于指导相关的双语对比差异分析及转换。

2.2　篇章结构连接依存树的标注规范

语料库构建中一般应建立详尽的标注规范，用以指导语料的具体标注。本节中连接依存树的篇章结构标注规范是以汉语为例来进行说明的，基本可以阐明相关分析细节。本节内容参考了汉语连接依存树篇章结构语料库的分析规范（冯文贺等，2015；李艳翠等，2014），所用语料主要来自宾州汉语树库（Xue et al.，2005）。

2.2.1　基本篇章单位——汉语小句[①]

连接依存树的叶子节点为基本篇章单位，称为小句，在从下到上的篇章

① 本节部分内容在《北京大学学报（自然科学版）》2013(1)发表，与李艳翠等合著，见李艳翠等（2013）。

结构组合中，它是分析的起点；在从上到下的篇章结构分析中，它是分析的终点。因此，小句分析相当关键。

由于汉语句子的结构和短语的结构没有明显的形式区分，汉语“句”相当难于定义，至今语法学界没有统一明确的看法（王文格，2010）。参考主流汉语句法理论，结合可操作性，本书采用以下汉语小句定义：小句含传统单句和复句中的分句。结构上，小句至少包含 1 个谓语部分，至少表达 1 个命题；功能上，小句对外不作为其他小句结构的语法成分，小句和其他篇章单位发生命题关系，小句去除篇章化手段后一般可以独立为句子；形式上，小句间一定有标点（逗号、分号和句号等）分割。

1. 结构

语法上，小句至少包含 1 个谓语部分；语义上，至少表达 1 个命题。

（9）ᴬ浦东开发开放是一项振兴上海，建设现代化经济、贸易、金融中心的跨世纪工程，/ᴮ 因此大量出现的是以前不曾遇到过的新情况、新问题。/ᶜ 对此，浦东不是简单地采取“干一段时间，等积累了经验以后再制定法规条例”的做法，/ᴰ【 】而是借鉴发达国家和深圳等特区的经验教训，/ ᴱ【 】聘请国内外有关专家学者，/ᶠ【 】积极、及时地制定和推出法规性文件，////ᴳ 使这些经济活动一出现就被纳入法制轨道。/ᴴ 去年初浦东新区诞生的中国第一家医疗机构药品采购服务中心，正因为一开始就比较规范，/ᴵ【 】运转至今，/ᴶ【 】成交药品一亿多元，/ᴷ【 】没有发现一例回扣。（chtb_0001[①]）

例（9）中共 11 个小句，其中有 5 个小句为主谓结构，6 个小句仅有谓语结构（主语隐含或省略，用【 】标明，但一般都可以补出），它们都包含至少 1 个谓语部分。

2. 功能

语法上，小句对外不作为其他小句的结构成分；语义上，小句和其他篇

① 语料在 Penn Chinese TreeBank 中的篇目编号，下同。

章单位发生命题关系（从逻辑语义上看，主要是因果、转折等关系），而非句法关系（主谓、动宾等）。

下列举例中，逗号分隔的前后部分是句法结构关系，而非篇章关系：

（10）出口快速增长，成为推动经济增长的重要力量。(chtb_0097)【主谓】

（11）钱其琛表示，我们对香港的前景始终是充满信心的。(chtb_0058)【动宾】

小句去除篇章化手段后一般可以独立成为句子。如例（9）的小句独立后的句子见例（12）：

（12）A' 浦东开发开放是一项振兴上海，建设现代化经济、贸易、金融中心的跨世纪工程。

B'（浦东）~~因此~~大量出现的是以前不曾遇到过的新情况、新问题。（去除篇章化手段：添加主语，删除连接词）

C' ~~对此，~~浦东不是简单地采取“干一段时间，等积累了经验以后再制定法规条例”的做法。（去除篇章化手段：删除连接词）

D'（浦东）~~而是~~借鉴发达国家和深圳等特区的经验教训。（去除篇章化手段：添加主语，删除连接词）

E'（浦东）聘请国内外有关专家学者。（去除篇章化手段：添加主语）

F'（浦东）积极、及时地制定和推出法规性文件。（去除篇章化手段：添加主语）

G' 使这些经济活动一出现就被纳入法制轨道。（去除篇章化手段：删除连接词）

H' 去年初浦东新区诞生的中国第一家医疗机构药品采购服务中心，~~正因为~~一开始就比较规范。（去除篇章化手段：删除连接词）

I'（去年初浦东新区诞生的中国第一家医疗机构药品采购服务中心）运转至今。（去除篇章化手段：添加主语）

J'（去年初浦东新区诞生的中国第一家医疗机构药品采购服务中

心）成交药品一亿多元。（去除篇章化手段：添加主语）

K'（去年初浦东新区诞生的中国第一家医疗机构药品采购服务中心）没有发现一例回扣。（去除篇章化手段：添加主语）

3. 形式标记：有标点分隔

小句间一般有停顿，书面上表现为标点，但各种标点对于切分小句的作用并不相同。

《标点符号用法》（中华人民共和国国家标准，2012）指出，汉语的常用标点符号有 16 种，分点号和标号两大类。点号的作用在于点断，主要表示说话时的停顿和语气。点号又分为句末点号和句内点号。句末点号用在句末，有句号、问号、叹号 3 种，表示句末的停顿，同时表示句子的语气。句内点号用在句内，有逗号、顿号、分号、冒号 4 种，表示句内的各种不同性质的停顿。标号的作用在于标明，主要标明语句的性质和作用。常用的标号有 9 种：引号、括号、破折号、省略号、着重号、连接号、间隔号、书名号和专名号。

可见，汉语书面语中和小句边界有关系的是点号，其中句号、问号、叹号、分号一定表示小句边界；顿号表示句子内部并列词语之间的停顿，所以一定不是小句边界；逗号和冒号可能是，也可能不是小句边界。CTB6.0 中有可能是小句边界的标点分布如表 2-2 所示，逗号和句号出现次数最多（占 85.99%）。

表 2-2　CTB 6.0 中小句边界标点使用频率

标点	频次	比例/%
逗号	35 510	61.10
句号	14 467	24.89
引号	4648	8.00
分号	979	1.68
冒号	896	1.54
问号	722	1.24
破折号	383	0.66

续表

标点	频次	比例/%
叹号	295	0.51
省略号	215	0.37
合计	58 115	100.00

1）句号、问号、叹号

句号、问号和叹号是句末点号，均为确定的小句分割符。

2）分号

分号是句内点号，是复句内部的分句标志，一般情况下其标志的语篇停顿比逗号长，比句号等句末点号短。本语料中分号是确定的小句分割符。例如：

（13）三年多来，这些城市社会经济发展迅速，地方经济实力明显增强；//经济年平均增长百分之十七，高于全国年平均增长速度。（chtb_0003）

3）逗号

逗号是句内点号的一种，既可以表示复句内小句间的停顿，也可以标志句内不同句法成分间的停顿，因此对于小句分割，逗号是一种不确定的有歧义的标志。由于逗号在语篇中使用众多，逗号功能的识别对于小句切分具有重要作用。逗号切分的语言片段是否为小句，关键在于该片段本身的结构与功能。例（14）—例（15）作小句切分，例（16）—例（17）不作小句切分。

（14）陕西省目前批准的外资项目已达二千四百多个，/协议利用外资额四十多亿美元，/实际引进外资超过十六亿美元。（chtb_0091）

（15）陆上石油勘探开发遇到一系列世界级难题，/投资成本日益上升，/企业改革和产业结构调整任务艰巨。（chtb_0100）

（16）出口快速增长，成为推动经济增长的重要力量。（chtb_0097）

（17）钱其琛表示，我们对香港的前景始终是充满信心的。(chtb_0058)

4）冒号

冒号是句内点号的一种，表示语段中提示下文或总结上文的停顿。对于小句切割，冒号是有歧义的标点。其切分的语言片段是否为小句，关键在于所切分出的语言片段的内部结构和对外功能。

例（18）—例（20）作小句切分，例（21）—例（23）不作小句切分。

（18）国家统计局分析，对中国经济发展十分有利的条件主要有两方面：/一是世界经济和国际贸易持续增长，标志国际市场需求的稳步扩大，为中国出口贸易发展提供了比较有利的国际环境。二是一九九六年中国大幅度降低关税，将进一步改善中国的投资环境，吸引更多外商前来投资。（chtb_0016）

（19）这位大使为论证他的结论所列举的事实是令人信服的：/一年来，欧盟国家和中国有了比以往更频繁的高层互访；在国际事务中，欧盟同中国进行了很好的合作。（chtb_0077）

（20）今年九月初，美国新墨西哥州联邦地方法院做出判决：/原告提出的诉讼请求，事实清楚，证据充分；被告第一国民银行明显违反了美国商法典第四章和国际商会的第三二二条款，并确定该银行对上海家用纺织品进出口公司共三十一笔托收单据的款项承担全部责任，索赔一百八十五万美元。（chtb_0086）

（21）国家统计局预测：全球经济发展将给中国带来很多机遇。（chtb_0016）

（22）这些建议分为六个部分，分别是：按照“一线放开，二线隔离”的原则加速洋浦保税区的开发建设；借鉴国际经验，尽快把三亚建设成国际性旅游城市；采取优惠政策扶持和鼓励海南热带农业及加工业的发展；努力争取实现琼台农业项下的自由贸易；鼓励和支持海南与外资合作，开发南海海洋资源；按照扩大对外开放的要求，允许和鼓励海南大胆进行各项改革试验等。（chtb_0018）

（23）宋健今天向出席会议的数百名高技术专家代表和科技官员说：“我们在高技术发展及其产业化所取得的一系列成就，进一步克服了认为高技术高不可攀的怯懦思想，极大地增强了我们全民族实现社会主义现代化的勇气和信心。”（chtb_0040）

5）引号

引号是标号的一种，标示语段中直接引用的内容或需要特别指出的成分。对于引号的处理，遵循的原则是若引号所引用内容位于一个小句内部，则作小句的某种句法成分，不作为独立小句处理[例（24）]；若引号所引是一个独立的句子，将其作为独立句子处理[例（25）]。

（24）对此，浦东不是简单地采取_“干一段时间，等积累了经验以后再制定法规条例”_的做法，而是借鉴发达国家和深圳等特区的经验教训，聘请国内外有关专家学者，积极、及时地制定和推出法规性文件，使这些经济活动一出现就被纳入法制轨道。（chtb_0001）

（25）“中国气象局购买美国克雷公司的大型计算机，克雷公司只卖给我们两台处理器。如今，我们自己开发的‘曙光 1000’计算机每秒最大计算速度已达二十五亿次，超过克雷公司卖给我们的计算机速度。”/这是国务委员兼国家科委主任宋健今天在“八六三计划”工作会议上讲的一段话。（chtb_0040）

6）破折号

破折号是标号的一种，标示语段中某些成分的注释、补充说明或语音、意义的变化。基本用法有标示注释内容或补充说明（也可用括号）、标示插入语（也可用逗号）、标示总结上文或提示下文（也可用冒号）、标示话题的转变、标示声音的延长、标示话语的中断或间隔、标示引出对话、标示事项列举分承等。CTB6.0 语料中大部分表示后续语句对前面某些词句的解释说明，当解释说明部分是一个短语时，破折号不作为基本篇章单位分割符。例如：

（26）这个开发区位于中国著名风景旅游城市 ——杭州市区内，是一九九一年国务院批准建设的国家级高新技术产业开发区。（chtb_0011）

7）省略号

省略号是标号的一种，标示语段中某些内容的省略及意义的断续等。基本用法有标示引文的省略、标示列举或重复词语的省略、标示语意未尽、标示说话时断断续续等。例如：

（27）这年五月，九七歌仔戏创作研讨会在厦门召开……（chtb_0836）

（28）处于族群复杂的环境中，邓相扬对族群间的冲突、融合、文化的消失……等情形非常敏感。（chtb_1011）

对于省略号的处理，如果其在句尾[如例（27）]，则相当于句末标号，作小句分割；如果其在小句中间[如例（28）]，则不作小句切分。

8）其他符号

其他符号不能作为小句边界，故表 2-2 没有将其统计进去。圆括号通常用来解释一个特定的词或短语，不管括号内容中间是否有标点，均不将其视为小句[如例（29）]。顿号是中文特有的标点，表示并列的词或词组之间的停顿，无论顿号中间的内容多少，均不将其视为小句分割标点[如例（30）]。书名号标志书名、篇名、戏剧名、歌曲名、报纸杂志名和法规文件等题名，属于小句内部符号，不作为小句切分标志[如例（31）]。

（29）农牧业生产贷款（包括扶贫贷款）比上年新增四点三八亿元；乡镇企业贷款增幅为百分之六十一点八三。（chtb_0005）

（30）“八五”（一九九一至一九九五年）期间，西藏金融体制改革坚持与全国框架一致、体制衔接的方针，顺利完成了西藏各级人民银行的分设工作，实现信贷资金使用从粗放型经营方式向集约型经营方式转变。（chtb_0005）

（31）一九九五年九月建设部和外经贸部联合发布的《关于设立外商投资建筑业企业的若干规定》，使中国的建筑市场从允许境外企业到中国承包工程进入允许境外企业到中国办合资建筑企业。（chtb_0004）

4. 一些特别的情况

1）言说结构

“说”类动词引导的结构，当“说”或同类词后引导的内容是一个篇章时，视其为一般篇章进行结构分析，并且把“××说”也归到“说”后的第一个小句中。例如：

（32）天津外经贸委官员说，天津与俄罗斯地缘接近，/贸易的互补性很

强。（chtb_0035）

（33）宋健最后说，“能否把我们自己的高技术及其产业搞上去，关系到中国现代化建设事业的成败，/关系到中华民族的兴衰”。（chtb_0040）

（34）他说：“我相信，只要双方共同做出努力，/两国的友好合作关系就一定会在中法建交公报和今年一月十二日联合公报的原则基础上不断向前发展。”（0238）

（35）广东省外经贸委有关负责人指出，实行加工贸易台账制度是为了完善对加工贸易的监管，/堵塞管理漏洞，/防止国家税收流失，/促进加工贸易的健康发展。（chtb_0031）

2）一些介词引导的结构

（36）……对此，浦东不是简单地采取“干一段时间，等积累了经验以后再制定法规条例”的做法，/而是借鉴发达国家和深圳等特区的经验教训，/聘请国内外有关专家学者，/积极、及时地制定和推出法规性文件，/使这些经济活动一出现就被纳入法制轨道。(chtb_0001)

（37）为了在运行机制上与保护区相配套，/宁波保护区率先在中国实施了企业依法注册直接登记制的试行一站式管理。(chtb_0019)

当介词引导的结构在介词删去后可以独立成句时，该结构则被视为小句。

2.2.2　连接词

以下分别从语法功能、语义功能、形式特征、线性位置、连接词的显隐及其转换等角度阐明连接词。

1. 语法功能（1）：连接篇章单位

连接词可分为句法连接词和篇章连接词。句法连接词连接的是词、短语，篇章连接词连接的是篇章单位，包括小句、小句组、句子、句群等。

CDT 仅标注篇章连接词。

1）连接小句

（38）浦东开发开放是一项振兴上海，建设现代化经济、贸易、金融中心的跨世纪工程，/因此大量出现的是以前不曾遇到过的新情况、新问题。(chtb_0001)[小句+小句]

2）连接小句组

（39）尽管浦东新区制定的法规性文件有些比较“粗”，有些还只是暂行规定，有待在实践中逐步完善，/但这种法制紧跟经济和社会活动的做法，受到了国内外投资者的好评，他们认为，到浦东新区投资办事有章法，讲规矩，利益能得到保障。(chtb_0001)[小句组+小句组]

3）连接小句与小句组

（40）浦东不是简单地采取“干一段时间，等积累了经验以后再制定法规条例”的做法，/而是借鉴发达国家和深圳等特区的经验教训，聘请国内外有关专家学者，积极、及时地制定和推出法规性文件，使这些经济活动一出现就被纳入法制轨道。(chtb_0001)[小句+小句组]

（41）借鉴发达国家和深圳等特区的经验教训，聘请国内外有关专家学者，积极、及时地制定和推出法规性文件，/使这些经济活动一出现就被纳入法制轨道。(chtb_0001)[小句组+小句]

4）连接句子

（42）浦东开发开放是一项振兴上海，建设现代化经济、贸易、金融中心的跨世纪工程，因此大量出现的是以前不曾遇到过的新情况、新问题。/对此，浦东不是简单地采取“干一段时间，等积累了经验以后再制定法规条例”的做法，而是借鉴发达国家和深圳等特区的经验教训，聘请国内外有关专家学者，积极、及时地制定和推出法规性文件，使这些经济活动一出现就被纳入法制轨道。(chtb_0001)[句子+句子]

5）篇章连接词与句法词的同形区分

一些词有时是篇章连接词，有时不是篇章连接词，主要根据其连接的语言单位的性质确定。连接的语言单位是篇章单位的，是篇章连接词；否则，不是篇章连接词。例如“为”。

以下是篇章连接词：

（43）为规范建筑行为，防止出现无序现象，/新区管委会根据国家和上海市的有关规定，结合浦东开发实际，及时出台了一系列规范建设市场的文件……（001）

（44）为搞好深港交通衔接，/深圳市计划到二〇一〇年，投资一百二十亿元建设四通八达的公路网。

以下不是篇章连接词：

（45）货币回笼的增加，为平抑全区物价发挥了作用。

（46）加强基础设施和基础产业建设，/为扩大对外开放创造良好环境。（0008）

例（45）中，“为”前的“货币回笼的增加”是整个句子的主语；例（46）中，“为”连接的实质是句内“扩大对外开放”和“创造良好环境”。两例中，“为”连接的都不是篇章单位，而均为句内成分，因此均为句法词，而不是篇章连接词。

2. 语法功能（2）：结构地位

1）居于不同篇章结构层级

连接词连接的大大小小的篇章单位处于不同层级地位，由此连接词也处于不同的篇章结构层级上。例（47）的连接依存树如图 2-4 所示，连接词分别居于不同层级。

（47）[A] 浦东开发开放是一项振兴上海，建设现代化经济、贸易、金融中心的跨世纪工程，//[B] 因此大量出现的是以前不曾遇到过的新情况、新问题。/[C] 对此，浦东不是简单地采取“干一段时间，等积累了经验以后再制定法规条例”的做法，///D 而是借鉴发达国家和深圳等特区的经验教训，///// E<并>聘请国内外有关专家学者，/////F<并>积极、及时地制定和推出法规性文件，////G 使这些经济活动一出现就被纳入法制轨道。//H<例如>去年初浦东新区诞生的中国第一家医疗机构药品采购服务中心，正因为一开始就比较规范，///I 运转至今，/////J<并>成交药品一亿多元，////K<却>没有发现一例回扣。(chtb_0001)

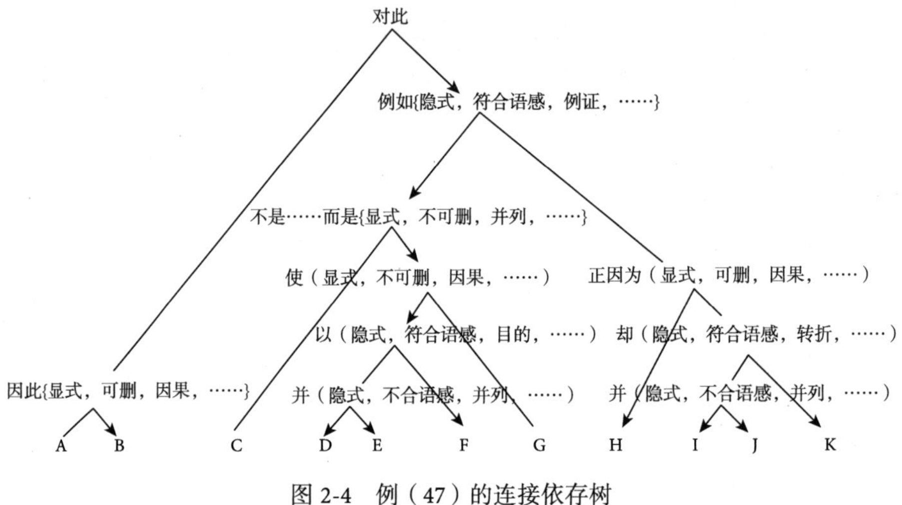

图 2-4　例（47）的连接依存树

2）充当句法成分与不充当句法成分

篇章连接词在所连接的篇章单位中一般不充当句法成分。正因为这样，很多连接词删除以后并不影响句子的句法正确性；但也有一部分连接词在所连接篇章单位中充当一定句法作用。例（48）中，“不是……而是”是关联词语，但其中“而是”不充当句法成分，可以删除；而“不是”充当句法成分（谓语），不能删除。

（48）浦东不是简单地采取“干一段时间，等积累了经验以后再制定法规条例”的做法，/而是借鉴发达国家和深圳等特区的经验教训，聘请国内外有关专家学者，积极、及时地制定和推出法规性文件，使这些经济活动一出现就被纳入法制轨道。(chtb_0001)

3. 语义功能：标志篇章单位间语义关系

连接词自身并没有多少词汇意义，连接词的主要语义在于标志所连接篇章单位间的语义关系。正因为这样，可以基于连接词构建篇章关系体系。连接词与篇章语义的关系并不是简单的一一对应。

1）连接词的篇章语义表达：单义与多义

多数连接词是单义的，即仅表示一种篇章关系；而也有一部分连接词可以表达多种语义。例如“而”。

（49）天津作为中国北方重要的工业城市和有广阔腹地的对外贸易港，去年向俄罗斯出口的轻工业品和食品、畜产品占天津对俄出口额的百分之五十；/而从俄罗斯进口的钢材和有色金属约占从俄进口总额的百分之六十。【并列】（chtb_0035）

（50）目前，大连市出口商品结构中，初级产品只占据不到三成，/而工业制成品比重达七成以上。【对比】（chtb_0026）

（51）经过近几年来的快速增长，上海人均国内生产总值今年将突破三千美元。/而在一九九二年，这项数字仅为一千五百美元。【对比】（chtb_0043）

（52）目前，台湾当局把资本额在六千万元台币以下作为中小企业，/而事实上台湾目前的中小企业大都具有相当的规模。【转折】（chtb_0090）

（53）据不完全统计，近年来南宁市园林绿化投资每年都超过两千万元，/而今年的投资已超过一亿元。【递进】（chtb_0061）

2）篇章语义的连接词选择

一个连接词可以表达多种篇章语义关系，反过来，同一种语义关系也可以由不同连接词表达。如常用于表达“因果关系”的连接词有“从而”“因此”“因而”“所以”“使”“为此”“由于”“正因为”等。

（54）这与中国劳动力素质、成本较低的国情相吻合，/从而吸纳了大量劳动力。（chtb_0106）

（55）浦东开发开放是一项振兴上海，建设现代化经济、贸易、金融中心的跨世纪工程，/因此大量出现的是以前不曾遇到过的新情况、新问题。（chtb_0001）

（56）只是在银行设立台账时收取一百元的手续费，/因而将减轻企业的实际经济负担。（chtb_0031）

（57）但每年的汛期给当地经济建设和老百姓的生活都造成了一定的影响，特别是九江市的龙开河下游段处在市区的中轴线位置上，其水流穿城区注入长江，/所以一到汛期，上涨的长江水倒灌，使龙开河下游段成了历年紧张抗洪的战场。（chtb_0042 ）

（58）所以一到汛期，上涨的长江水倒灌，/使龙开河下游段成了历年紧张抗洪的战场。（chtb_0042 ）

（59）和平是经济发展的前提。没有和平环境，任何建设事业都无从谈起。只有实现持久的和平，才有可能实现持续发展。/为此，必须培育新型的安全观，寻求维护和平的新方法。（chtb_0052）

（60）事实上，由于前几年抑制经济增长的主要障碍——通货膨胀和基础产业“瓶颈”均已明显缓解，宏观经济环境趋于宽松，/中国经济发展正处于比较有利的时期。（chtb_0112）

（61）去年初浦东新区诞生的中国第一家医疗机构药品采购服务中心，正因为一开始就比较规范，/运转至今，成交药品一亿多元，没有发现一例回扣。（chtb_0001）

（62）由于茅台酒制作工艺复杂，生产周期长，/因而其产量十分有限。（chtb_0069）

（63）他说，由于人民币资本项目下的可兑换本来就没有时间表，/所以不存在因东南亚金融危机而延长这一过程的问题。（chtb_0123）

4. 形式特征

在汉语篇章结构中，连接词的形式并不是单一的。根据其形式的不同可以分为独用连接词、关联词、关联模板、叠用连接词。

1）独用连接词

独用连接词是单独作为整体起篇章连接作用的语言单位。大多数独用连接词是“词”，但也有一些是“短语”，例如：

（64）意味着大家对恢复行使香港主权后的政治架构重建，有着高度的共识，/可以说是人同此心。（chtb_0296）

（65）他说，中国的农业生产将与人口同步增长，/也就是说每年增长大约百分之一。（chtb_0428）

有的独用连接词可以受修饰语修饰，这时“修饰语+连接词”整体作为一个连接词，例如：

（66）去年初浦东新区诞生的中国第一家医疗机构药品采购服务中心，正因为一开始就比较规范，/运转至今，成交药品一亿多元，没有发现一例回扣。（chtb_0001）

2）关联词

关联词是成对儿出现的连接词语，它们可以分别标记不同的关系角色，如因果关联词语，分别标记原因项和结果项，例如：

（67）在施工过程中，加拿大咨询专家发现由于地质情况比较好，而且隧洞是明流洞，洞顶拱不过流，/因此建议取消顶拱的衬砌。（chtb_0437）

（68）“华为之所以能取得如此好的业绩，/是因为其民营性质在机制上具有蓬勃的生命力，其拥有的高新技术在效益上能获得高附加值”，深圳市政策研究室主任冯金灶说。（chtb_0646）

关联词语一般是成对儿的，但也有更多个配合使用的，例如：

（69）5 间土木结构的房舍，既有双层玻璃的客厅，/又有装满羊肉、酥油的仓库，/还有一间摆有烟、酒、糖等日用品。（chtb_0193）

3）关联模板

如例（70）递进关系的表达：不仅是……不仅是……也不仅是……最重

要的是……。

（70）不仅是因为这个构想出自一位爱国者和政治家的睿智和远见；不仅是因为这是一个伟大国家的庄严承诺；也不仅是由于香港同胞秉承了中华民族的智慧、勤劳和特有的适应能力。/最重要的是："一国两制"的事业，完全掌握在我们中国人自己手里。（chtb_0505）

并列关系的表达，如：一是……二是……三是……四是……。

（71）一是国家财政划拨的五百亿注册资本；/二是向金融机构发行债券；/三是向国外发行债券以吸引外资，或向国外商业银行贷款；/四是人民银行的拨款。（chtb_0218）

4）叠用连接词

叠用连接词是指对于同一个关系，用了多个不同连接词表达。与关联词不同的是，这多个不同连接词并不标记不同关系角色。

（72）贷款将向能源、交通、电力等基础设施产业倾斜，尤其以国外大公司在华设立的大中型企业为重点；/此外，高技术、高科技、高出口、高利税的企业也将获得中国银行的贷款支持。（chtb_0006）

（73）上海市政府发展研究中心主任王战认为，今后三年世界经济发展的趋势和国家宏观调控的政策取向，总体上将有利于上海经济的发展，/而近六年来上海经济的快速增长又为后三年的发展奠定了良好基础。（chtb_0043）

（74）它将给联合国提供一个回顾过去、展望未来的良好机会，/同时也将进一步增进各国人民对这一重要国际组织的广泛理解和支持。（chtb_0246）

（75）他指出，美国国会每年就这个问题进行辩论实际上只有对美国自身不利，影响美国商人的对华投资信心，从而也影响到美国人的就业机会。

5. 线性位置

1）前项与后项

在前项：

（76）但由于科技含量低，/产品在国际市场上的售价低于正常价格的百分之二十至三十……（0121）

在后项：

（77）浦东开发开放是一项振兴上海，建设现代化经济、贸易、金融中心的跨世纪工程，/因此大量出现的是以前不曾遇到过的新情况、新问题。（0001）

前项+后项：

（78）由于茅台酒制作工艺复杂，生产周期长，/因而其产量十分有限。（chtb_0069）

2）句首、句中、首尾

在句首：

（79）浦东开发开放是一项振兴上海，建设现代化经济、贸易、金融中心的跨世纪工程，/因此大量出现的是以前不曾遇到过的新情况、新问题。

在句中：

（80）事实上，由于前几年抑制经济增长的主要障碍——通货膨胀和基础产业“瓶颈”均已明显缓解，宏观经济环境趋于宽松，/中国经济发展正处于比较有利的时期。（chtb_0112）

在句子首尾：

（81）除勒令取消一百四十八项不合理收费外，/对集体、个体私营经济

实行“缴费明白卡、登记卡”制度。（chtb_0024）

6. 连接词的显隐及其转换

1）连接词的显隐

根据在篇章小句中是否出现连接词，可以将连接词分为显式连接词和隐式连接词两类。以上所举连接词均为显式。隐式的则没有出现连接词，例如：

（82）上海浦东近年来颁布实行了涉及经济、贸易、建设、规划、科技、文教等领域的七十一件法规性文件，/确保了浦东开发的有序进行。（0001）

（83）结售制度和新的核销制度在西藏全面实施，/有效地防止了外汇流失。(0005)

2）连接词的显隐转换

相比英语，汉语连接词的句法强制性较弱，表现为显式连接词可以删除，隐式连接词可以添加。但另一方面，汉语连接词也表现出了一定的句法强制性，表现为显式连接词不可以删除，隐式连接词不可以添加。

A. 显式连接词可删除

显式连接词可以删除主要在于：第一，语法上，删除后句子语法上仍然成立；第二，语义上，删除后句子语义及其语篇关系不发生变化。

（84）浦东开发开放是一项振兴上海，建设现代化经济、贸易、金融中心的跨世纪工程，/~~因此~~大量出现的是以前不曾遇到过的新情况、新问题。（chtb_0001）

（85）去年初浦东新区诞生的中国第一家医疗机构药品采购服务中心，~~正因为~~一开始就比较规范，/运转至今，成交药品一亿多元，没有发现一例回扣。（chtb_0001）

B. 隐式连接词可添加

一个隐式关系添加上连接词后，不改变原有的语义及篇章关系，且语法上通顺，那么隐式连接词可添加。

（86）上海浦东近年来颁布实行了涉及经济、贸易、建设、规划、科技、文教等领域的七十一件法规性文件，/<由此>[①]确保了浦东开发的有序进行。（chtb_0001）

所添加的连接词要求：语义上，明确体现原有的篇章语义关系，且这一连接词一般不能是多义词；语法上，母语标注者认为比较适合、语感好的词。

C. 显式连接词不可删除

显式连接词不可删除主要在于：第一，语法上，删除后句子不合语法；第二，语义上，删除后句子语义及其语篇关系发生变化。

（87）对此，浦东不是简单地采取"干一段时间，等积累了经验以后再制定法规条例"的做法，/而是借鉴发达国家和深圳等特区的经验教训，聘请国内外有关专家学者，积极、及时地制定和推出法规性文件，使这些经济活动一出现就被纳入法制轨道。（chtb_0001）

（88）而是借鉴发达国家和深圳等特区的经验教训，聘请国内外有关专家学者，积极、及时地制定和推出法规性文件，/使这些经济活动一出现就被纳入法制轨道。（chtb_0001）

D. 隐式连接词不可添加

如果添加隐式连接词后导致语法上不通顺或改变了原有的语义及篇章关系，那么隐式连接词不可添加。

（89）结售制度和新的核销制度在西藏全面实施，/有效地防止了外汇流失。(chtb_0005)

3）连接词添加的语感好坏

对于已添加的连接词，有的符合语感，有的不太符合语感，在标注时对其进行区分。如例（90）符合语感，例（91）则不符合语感。

（90）在进行全球贸易自由化的同时，中国必须对国有企业进行改革，

① 添加的连接词用<　>标注出，以下用例均同。

/<以此>增强本身的竞争力。（chtb_0016）

（91）这笔数额为一千二百五十万美元的贷款是加拿大政府向三峡工程提供的出口信贷，/<并>主要用于三峡工程的管理系统。（chtb_0021）

2.2.3 层次结构

1. 结构本质

篇章结构是一种层次化的树形结构，其中叶子节点为小句，连接词居于不同层级的内部节点上。直观上篇章结构分析可看成是各个连接词的不同层级地位的分析，本质上连接词的不同层级地位反映的是篇章单位的组合层级。结构分析是篇章分析的基础任务，连接词的层级、篇章关系及篇章单位主次地位等都依赖于篇章层次结构的确定。

本质上，篇章的层次结构反映两种关系。

1）反映篇章单位间的语义相关紧密程度

篇章的层次结构表现为小句之间组合的先后顺序。篇章单位的关系越远，其结构的层级地位越高；关系越近，其结构的层级地位越低。篇章层次结构判定的根本标准就是篇章单位间语义关系的紧密程度。如图 2-5，例（162）中第 3 句话的小句 I 和小句 J 关系比较紧密，首先组合；小句 IJ 的组合又和小句 K 比较紧密，进而组合；H 和 IJK 的组合比较紧密，再组合。按紧密程度依次组合，可得到第 3 句话的结构子树。

2）反映篇章单位间语义关系的管辖范围

不同的关系管辖范围不同，最上层关系管辖范围最大，最底层关系管辖范围最小。如图 2-5，“对此”标志的篇章关系在最上层，可以管辖前项（A-B）与后项（C-K），即该段的所有小句；而“因此”标志的篇章关系在底层，仅管辖前项（A）与后项（B）共 2 个小句。

2. 结构类型

篇章结构类型有两类，一类是逐层切分结构，另一类是并列切分结构。结构类型与篇章关系及其容纳的关系项数有关。一般关系是逐层切分，所能容纳的关系项是 2，对于超过 2 的项必然进行层次切分。而并列关系可以容纳超过 2 个以上的项数，对于这些并列的项实现并列切分。例（92）共有 7 个并列项，它们居于同一个层次：

（92）一是赋予一级工程施工总承包资质。/二是支持在全国范围内跨地区、跨部门承揽工程任务。/三是建立国家和地方重点工程投标单位一览表制度，将这些企业列入国家和地方重点工程投标单位一览表，在同等条件下优先中标。/四是重点向对外经济贸易主管部门推荐这些企业，使其获得对外承包工程经营权、进出口经营权和外事审批权。/五是支持并帮助这些企业获得国有资产授权经营，推动企业存量资产流动和重组，优化资产结构。/六是有组织、有计划地促进科研单位与这些企业紧密结合，帮助提高科技含量和技术装备水平。/七是鼓励企业资本与金融资本融合，帮助有条件的企业直接或间接通过国内金融机构进行融资。（chtb_0448）

3. 分析程序

篇章结构的构建可采用从下到上的组合策略，也可采用从上到下的切分策略。在篇章结构层次分析中整体采用从上到下的切分策略。主要考虑如下内容：

第一，从上到下的分析策略，在理解本质上是“篇章”的，具有全局性。

第二，由于汉语小句难于定义，小句分析有一定的难度，从下到上的组合分析从一开始就会是一个比较困难的问题；而从上到下的分析，却可以把握篇章结构分析的根本性任务，又在一定程度上避免了小句分析的困难。

4. 分析依据

通常可以借助标点、词汇、句法等形式特征对篇章单位间语义关系的远近及结构层次进行判定。

1）标点符号与篇章结构分析

A. 标点符号对结构层次的提示

一般情况下标点符号可对结构层次起一定的提示作用。

a. 可根据句末点号（如句号、问号等）和句内点号（如逗号、分号）的差别区分出句间分析和句内分析。在从上到下的分析中，通常先进行句间分析，然后再进行句内分析。如例（93），首先进行句号间分析，分析出 3 个大句，然后再在各个大句内进行分析。

（93）浦东开发开放是一项振兴上海，建设现代化经济、贸易、金融中心的跨世纪工程，//因此大量出现的是以前不曾遇到过的新情况、新问题。/ 【句间分析】

对此，浦东不是简单地采取“干一段时间，等积累了经验以后再制定法规条例”的做法，///而是借鉴发达国家和深圳等特区的经验教训，///// 聘请国内外有关专家学者，/////积极、及时地制定和推出法规性文件，////使这些经济活动一出现就被纳入法制轨道。//【句间分析】

去年初浦东新区诞生的中国第一家医疗机构药品采购服务中心，正因为一开始就比较规范，///运转至今，///// 成交药品一亿多元，//// 没有发现一例回扣。

b. 同类性质（句末、句内）的标点符号，也具有层次高低性。如句末冒号（表总括时）一般高于句号（表分说），句内分号高于逗号。

（94）国家统计局分析，对中国经济发展十分有利的条件主要有两方面：/一是世界经济和国际贸易持续增长，标志国际市场需求的稳步扩大，为中国出口贸易发展提供了比较有利的国际环境。//二是一九九六年中国大幅度降低关税，将进一步改善中国的投资环境，吸引更多外商前来投资。（chtb_0016）

B. 标点符号对篇章结构层次提示作用的局限性

标点符号的层次作用只是辅助性的，根本上还需凭借句间关系来分析篇章结构。标点符号对篇章结构层次的提示作用的局限性主要表现为：

第一，同样的标点符号所切割的篇章单位地位不一定相同，可以说对于结构层次的表达，标点符号并不具有完备性。例如，通常同样的逗号或句号，它们的层次一般并不一样。对比例（95）的 4 个逗号的层次。

第二，在实际篇章中，标点符号也不一定完全按照既定层级顺序使用。如例（95），分号间的层次就低于逗号（标明“总分”处的逗号）；例（96）中句号（标明“例证”处的句号）的层次低于分号；例（97）中逗号与分号居于同样层次。①

（95）建议提出海南应在近期采取以下措施，【总分】/一是继续鼓励和支持外来投资，///加速实现中央提出的以利用外来投资为主加速开发建设的要求；//二是在一定时期内采用优惠政策，///大力发展现代农业和国际旅游业；//三是以建设洋浦保税区和三亚国际性旅游城市为突破，///带动全岛的对外开放。（chtb_0018 ）

（96）为加速创建和发展中国民族彩玻工业，安玻人在二期工程建设中，大胆采用了“以我为主、博采众长、别具一格、自成体系”和“自我技术总承包、高起点优化国际国内两种资源”的全新思路，得到国务院领导的肯定和国家有关部门的大力支持，创造了引起国内外同行业广泛注目的多项奇迹。/一是从一九九四年十一月十八日破土动工到锥炉点火成功，仅用了十三个月，工期比安玻一期缩短了十八个月，比世界建设最快的同类项目还提前五个月；//二是实现了国内外人才、技术、设备、设计和施工等资源的最佳组合，无论硬件配置和软件应用都达到了当今国际同行业先进水平；//三是与成套引进国外技术和设备相比，投资大大节省。///【例证】据测算，安玻二期工程实际投资，仅为国内目前成套引进国外技术和设备而兴建的同类项目总投资的二分之一。（chtb_0038）

（97）甘肃省还积极探索高风险业务，//“八五”期间，参与卫星发射的共保，////分担的风险金额达一千万元，/////支付赔款五百万元，///成为西北首家参与航天业务的公司。/同时积极开拓海外市场投保业务，//为省国际公司中标的津巴布韦公路项目提供近三千万美元的建筑工程一切险；///为兰州石油化工机械厂海外部，新加坡石油钻井平

①此处例（95）—（97）相关标点的使用有的或许并不十分规范，但这类使用在实际语料中并不罕见，我们的分析任务是，当面对真实分析语料，如何排除相关干扰（包括标点的不规范使用）从而获得较为恰当的篇章结构层次。

台提供了责任限额一千三百万美元的风险保障；///为甘肃省海外经贸洽谈会和海外劳务输出人员提供有关保险项目，///还为省火电公司海外业务提供配套保险服务。（chtb_0009）

2）连接词管辖与篇章结构分析

连接词管辖范围的确定对篇章层级结构的判断有重要作用。例（98）中，根据“正因为”和为隐式关系添加的连接词“却”的管辖范围，可确定以下层次结构。

（98）去年初浦东新区诞生的中国第一家医疗机构药品采购服务中心，**正因为**一开始就比较规范，/运转至今，///成交药品一亿多元，// k<却>没有发现一例回扣。（chtb_0001）

3）词汇关系与篇章结构分析

语段间有相同、相近或相对等关系的词语，意味着相关语段的关系可能比较密切。如例（96）中，“［例证］”关系处的前一小句和后一句均有“投资”“成套引进国外技术和设备”，前一小句的“节省”与后一句的“二分之一”也有内在联系。这说明，二者的关系要近一些。正因为这样，认定该例中句号的地位低于分号的地位。

4）句法结构与篇章结构分析

语段的句法结构相同、相近，意味着语段关系可能比较密切。如例（99）小句“建立……”动宾句法结构的运用（见第 1 处下划线处），对判定相关句子间的层次结构有帮助。

（99）广东省各级政府近几年不断加强对科技的投入，// 初步建立起多层次、多渠道的科技投入新体系。/ 广东省建立了自然科学基金，/////每年投入在一亿元以上；////省级用于新产品开发等科技三项经费每年以百分之十的速度增长，/////高于全省财政收入的增长速度。///近年来，该省又建立了成果转化科技风险资金、科技创业投资资金和高新技术产业发展资金，////一些市、县还设立科技发展基金等。//这些基金和资金的投入，有力地支持了省重点实验室和各工程技术研究开发中心的建设，///促进了科技成果的产业化。(chtb_0084)

2.2.4 篇章关系

1. 类别体系

目前对篇章关系体系的划分并不基于同一种逻辑关系，各家划分出来的篇章关系体系也不一致。参考现有的复句、句群及篇章语料库研究，把篇章关系分为 2 个层级、4 个大类、17 个小类（见表 2-3）。这个类别是经验的，并不具备逻辑完备性和自洽性，根据内容和实际需要，可以对其增删、调整。

表 2-3 篇章关系体系

大类	小类
并列类	并列关系、顺承关系、递进关系、选择关系、对比关系
转折类	转折关系、让步关系
因果类	因果关系、条件关系、假设关系、目的关系、背景关系、推断关系
解说类	解说关系、总分关系、例证关系、评价关系

关系体系的定义及实例如下：

1）并列类

各项叙述同一事物或事情的不同方面，或具有共同方面的不同事物或事情。

A. 并列关系

并列项是叙述相关的几件事情或同一事物的几个方面。在内容上，分句之间可以平举，也可以对举。在形式上，并列项可以互换位置，可以增删。举例：

（100）三年来，这些城市累计完成固定资产投资一百二十亿元，昔日边境城市的“楼不高，路不平、灯不明、水不清、通讯不畅”的状况已得到了改变。/经济合作区内已开发二十二点六平方公里，引进“三资”企业二百八十七家，实际利用外资八点九亿美元。/此外，还有内联企业五千一百家，已投产工业项目一百七十五个。（chtb_0003）

（101）一是从一九九四年十一月十八日破土动工到锅炉点火成功，仅用了十三个月，工期比安玻一期缩短了十八个月，比世界建设最快的同类项目还提前五个月；/二是实现了国内外人才、技术、设备、设计和施工等资源的最佳组合，无论硬件配置和软件应用都达到了当今国际同行业先进水平；/三是与成套引进国外技术和设备相比，投资大大节省。据测算，安玻二期工程实际投资，仅为国内目前成套引进国外技术和设备而兴建的同类项目总投资的二分之一。（chtb_0038）

（102）海关对正常开展加工贸易的企业不再征收与进口料件税款等值的风险保证金，/只是在银行设立台账时收取一百元的手续费。（chtb_0031）

B. 顺承关系

在内容上，前项与后项有时间、空间或逻辑事理上的顺序性。在形式上，前项与后项一般不能互换位置。举例：

（103）有关部门先送上这些法规性文件，/然后有专门队伍进行监督检查。（0001）

（104）在东盟成立 30 周年之际，东盟 9 国首脑同中国、日本、韩国首脑 15 日在马来西亚首都吉隆坡举行了非正式会晤。/次日，中日韩首脑又分别同东盟成员国首脑举行非正式会晤。（0052）

（105）在防城港，九号、十号万吨级码头不久前正式动工，/紧接着更大的十一号、十二号泊位又开始筹建。（0096）

C. 递进关系

在内容上，后项的意义比前项的意义在某方面程度加深，一般由少到多，由小到大，由轻到重，由浅到深，由易到难。在形式上，前后项位置不可改变。举例：

（106）目前，已有十二万多家外商投资企业在中国开业，/而且这些已开业的外商投资企业绝大部分生产经营状况较好。（chtb_0006）

（107）贷款将向能源、交通、电力等基础设施产业倾斜，/尤其以国外大公司在华设立的大中型企业为重点。（chtb_0006）

（108）镇江市近年依托大运河建厂的外商独资企业就有八家，/合资企业更多。（chtb_0013）

（109）这个数字别说发财，/连养活自己都不够。（0chtb_590）

D. 选择关系

在内容上，关系项存在两种或几种可能的情况，意图在于让人从中选择或舍弃某项，也即关系项之间具有相互排斥性。在形式上，关系项可以互换位置；一般情况下，必须有关系词出现。举例：

（110）三是向国外发行债券以吸引外资，/或向国外商业银行贷款。（chtb_0218）

（111）（还有一些国际投机资本，混入经常项目汇入境内，）或入境内股市炒作，/或在中国境内购买假报关单购汇套取汇差。（chtb_0137）

（112）国家还将鼓励有条件的钢铁企业到境外开发、生产铁矿石、金属化球团、铬矿石和铬铁等紧缺资源，/或以签订长期贸易合同的方式利用国外的原料资源。（chtb_0418）

E. 对比关系

在内容上，关系项之间在某方面形成比较。在形式上，前项和后项位置可以互换。举例：

（113）目前，大连市出口商品结构中，初级产品只占据不到三成，/而工业制成品比重达七成以上。（chtb_0026）

（114）过去中国的对外开放主要是以商品贸易、技术引进及合资合作为主，/如今已开始向引进服务、引进现代资本运作方式等高层次迈进，并开始向海外输出资本，甚至开始参与国际金融运作。（chtb_0032）

（115）经过近几年来的快速增长，上海人均国内生产总值今年将突破三千美元。/而在一九九二年，这项数字仅为一千五百美元。（chtb_0043）

（116）据了解，全世界每年草药的销售额约一百五十亿美元，中国中药出口只有六亿美元，而且百分之七十以上是未加附加值的药材。（chtb_0057）

2）转折类

转折类关系前项与后项之间具有逻辑上的因果逆转性。

A. 转折关系

前后项以某种客观存在的事实为前提，两项意思相反或相对，即后项不是顺着前项的意思说下去，而是突然转成同前项的意思相反或相对的说法。举例：

（117）在投资项目上比上年减少四百四十四件，/但投资金额却比上年增加一点三亿多美元。（chtb_0012）

（118）王翔虽年过半百，/但其充沛的精力和敏捷的思维，给人以一个挑战者的印象。（chtb_0042）

（119）假新闻虽然为数甚少，/但影响极坏。（chtb_0196）

B. 让步关系

前项表示先让一步，预示后面将有转折。形式上必须有让步连接词。举例：

（120）尽管浦东新区制定的法规性文件有些比较“粗”，有些还只是暂行规定，有待在实践中逐步完善，/但这种法制紧跟经济和社会活动的做法，受到了国内外投资者的好评，他们认为，到浦东新区投资办事有章法，讲规矩，利益能得到保障。（chtb_0001）

（121）尽管她的动作潇洒自如，/但难度无法与罗莉相比，只获得 9.875 分，夺得银牌。（chtb_0310）

（122）即使不能全身而退，/至少可以将损失减到最低。（chtb_0590）

3）因果类

因果类的前项与后项在逻辑上具有内在可推导性，即有原因和结果的关系。

A. 因果关系

两项分别表示原因与结果。这种因果关系一般是已经形成的事实之间的联系。举例：

（123）浦东开发开放是一项振兴上海，建设现代化经济、贸易、金融中心的跨世纪工程，/因此大量出现的是以前不曾遇到过的新情况、新问

题。(chtb_0001)

（124）去年初浦东新区诞生的中国第一家医疗机构药品采购服务中心，正因为一开始就比较规范，/运转至今，成交药品一亿多元，没有发现一例回扣。(chtb_0001)

（125）上海浦东近年来颁布实行了涉及经济、贸易、建设、规划、科技、文教等领域的七十一件法规性文件，/确保了浦东开发的有序进行。(chtb_0001)

（126）随着美国政府和国会一年一度对中国贸易最惠国待遇问题的审议又将临近，在华美资企业普遍担心今年大选年的美国党派之争可能使这个问题更加复杂，/于是组团对他们进行有组织、有计划的游说活动。（chtb_0039）

B. 条件关系

两项有内在因果推导性，相对强调原因的必要性，因果联系具有客观性与普遍性。举例：

（127）只有实现持久的和平，/才有可能实现持续发展。（chtb_0052）

（128）但只要调控措施适时、得当，/相信会沿着预设的轨道稳健前行。（chtb_0112）

（129）每当渔汛来临，/中国沿海各省以及日本、韩国等地的数万艘渔船便聚集这里，张网作业。（chtb_0427）

C. 假设关系

两项有因果推导性，相对强调原因及结果的虚拟性。举例：

（130）报告认为，如果经济和金融政策得力，/亚洲地区经济可望在 1999 年开始回升，但不会像墨西哥和阿根廷在 1994—1995 年金融危机后那样出现高速 V 形大回升。（chtb_0067）

（131）如果改革措施不得力，信心危机依然存在，/那么投资者就有可能把注意力转向其他新兴市场。（chtb_0067）

（132）根据今天签订的泄洪大坝及相关工程保险协议，若工程发生保险责任范围内的自然灾害或意外事故造成的经济损失，/中保财产保险公

司将按规定进行赔偿。(chtb_0082)

D. 目的关系

两项的因果推导具有双向性。即"目的"是"行为"的客观原因(动机),又是"行为"的主观结果;反过来,"行为"是"目的"的主观原因,又是"目的"的客观结果。举例:

(133)为规范建筑行为,防止出现无序现象,/新区管委会根据国家和上海市的有关规定,结合浦东开发实际,及时出台了一系列规范建设市场的文件。(chtb_0001)

(134)目前从该基金中拿出十万美元正在进行中国珲春边境合作区环境评估项目,/以期对外资大规模进入这个地区提供环境方面的咨询。(chtb_0049)

(135)加强基础设施和基础产业建设,/为扩大对外开放创造良好环境。(chtb_0008)

(136)在进行全球贸易自由化的同时,中国必须对国有企业进行改革,/增强本身的竞争力。(chtb_0016)

E. 背景关系

前项具有原因性,交代主题事件的时间、地点、场景、人物等原因性相关背景;后项具有结果性,叙述主题事件的内容。举例:

(137)浦东开发开放是一项振兴上海,建设现代化经济、贸易、金融中心的跨世纪工程,因此大量出现的是以前不曾遇到过的新情况、新问题。/对此,浦东不是简单地采取"干一段时间,等积累了经验以后再制定法规条例"的做法,而是借鉴发达国家和深圳等特区的经验教训,聘请国内外有关专家学者,积极、及时地制定和推出法规性文件,使这些经济活动一出现就被纳入法制轨道。(chtb_0001)

(138)建筑是开发浦东的一项主要经济活动,这些年有数百家建筑公司、四千余个建筑工地遍布在这片热土上。/为规范建筑行为,防止出现无序现象,新区管委会根据国家和上海市的有关规定,结合浦东开发实际,及时出台了一系列规范建设市场的文件,其中包括工程施工招投标管理办法、拆迁工作若干规定、整治违章建筑实施办法、通信设施及管线配套建设意见、建设工地施工环境管理暂行办法等，基本做到了每个环节都有明确而又具体的规定。建筑公司进区，有关部门先送上这些法规性文件，然后有专门队伍进行监督检查。（chtb_0001）

（139）中国建筑业对外开放始于八十年代。/十几年来，已有美国、日本、法国、英国、德国、芬兰、意大利、新加坡等十几个国家和地区的境外企业进入中国进行工程总承包或工程分包。世界上最大的二百二十五家国际承包商中，有十几家已进入中国，其中不少公司与中国公司合资合作进行建设。（chtb_0004）

（140）崇明是中国第三大岛，具有优越的地理条件和悠久的历史，/改革开放以来，崇明县的经济建设和对外开放发展迅猛，外商投资企业不断增多，进出口货物大量增加，是中国综合实力百强县之一。（chtb_0007）

F. 推断关系

一项提出某种事实，另一项是以此为理由或根据推导出新的或另外的情况。举例：

（141）而中国沿海地带的国民生产总值已开始迈向这一水平，/在财力上也可以说具备了使用天然气发电的条件。（chtb_0267）

（142）他说："我们选择了中国，/足见杜邦对中国市场的重视。"（chtb_0415）

（143）路通财就通，/宁波的腾飞之日为时不远。（chtb_0441）

（144）这里的警犬能如此吃苦耐劳，/也许跟人与犬之间感情深厚不无关系。（0643）

4）解说类

两项说的是同一事情，但分别从不同角度展开。

A. 解说关系

后项对前项或前项中的某些词的解释、说明、补充。举例：

（145）但这种法制紧跟经济和社会活动的做法，受到了国内外投资者的

好评，/他们认为，到浦东新区投资办事有章法，讲规矩，利益能得到保障。（chtb_0001）

（146）中国十四个边境对外开放城市一九九五年经济建设取得可喜成果。/据统计，这些城市去年完成国内生产总值一百九十多亿元，比开放前的一九九一年增长九成多。（chtb_0003）

（147）据介绍，这十四个城市的城市建设和合作区开发建设步伐加快。/三年来，这些城市累计完成固定资产投资一百二十亿元，昔日边境城市的“楼不高，路不平、灯不明、水不清、通讯不畅”的状况已得到了改变。经济合作区内已开发二十二点六平方公里，引进“三资”企业二百八十七家，实际利用外资八点九亿美元。此外，还有内联企业五千一百家，已投产工业项目一百七十五个。（chtb_0003）

B. 总分关系

分说项是对总说项的某些实体词的分开解说，或解说总说项的部分项。举例：

（148）开发银行的资金来源渠道很多，/一是国家财政划拨的五百亿注册资本；二是向金融机构发行债券；三是向国外发行债券以吸引外资，或向国外商业银行贷款；四是人民银行的拨款。（chtb_0218）

（149）外商投资企业的出口商品仍以轻纺产品为主，/其中，出口额最大的商品是服装，去年为七十六点八亿美元。（chtb_0002）

C. 例证关系

一项说出某种论断，另一项从某些事实上证明或说明。举例：

（150）对此，浦东不是简单地采取“干一段时间，等积累了经验以后再制定法规条例”的做法，而是借鉴发达国家和深圳等特区的经验教训，聘请国内外有关专家学者，积极、及时地制定和推出法规性文件，使这些经济活动一出现就被纳入法制轨道。/去年初浦东新区诞生的中国第一家医疗机构药品采购服务中心，正因为一开始就比较规范，运转至今，成交药品一亿多元，没有发现一例回扣。（chtb_0001）

（151）图们江开发计划也得到了很多国家政府和企业的大力支持。/如芬兰政府拨款一百万美元对图们江开发前期工作予以资助；瑞典出资帮助搞中蒙铁路接轨、建设新的东北亚大陆桥的可行性研究。另外，日本进出口银行已与俄罗斯签订合同，参与俄扎鲁比诺港扩建工程建设。日本还应中国有关部门之邀，对中国长春至珲春的铁路沿线地区综合开发进行调查。（chtb_0049）

（152）新材料重大成果的转化在该区尤为突出。/曾荣获国家重大发明奖的以氮作保护气直拉硅单晶技术，已由该区浙大半导体厂转化为国内外同类产品中的佼佼者，目前硅单晶年产已达二十多吨，居全国第一，其销售市场已从国内和东南亚扩展至欧美许多国家。（chtb_0011）

D. 评价关系

一项对另一项所陈述的内容进行评价，一般表明其作用或地位等。举例：

（153）目前该区生产此疫苗的普康公司已形成年产五百万人份的生产规模，/这对有效地控制甲肝流行具有重大意义。（chtb_0011）

（154）数年前，北海还是北部湾一个默默无闻的小渔村，然而三五年时间北海已建成了一个现代化都市的框架，街上客流如潮，楼房拔地而起。/北海已成为中国对外开放中升起的一颗明星。（chtb_0008）

（155）随着崇明海关办事处的设立，崇明县内的单位足不出岛就可以办理一切海关手续，/这对进一步改善崇明县的投资环境，加快吸引外资，方便快捷地办理海关手续，把崇明建设成对外高度开放的大型贸易港口，带动出口加工、航运中转等外向型经济的发展，将起到积极的作用。（chtb_0007）

（156）镇江市沿运河分布各类企业四百三十五家，年产值二十二亿元，利税一点六八亿元，/是镇江经济的主要支柱。（chtb_0013）

2. 关系类别判定

1）依据关系定义

关系定义是判定具体篇章关系的基本依据。尤其要注意辨析相近关系的联系与区别。

2）依据连接词

如果有连接词，要尽可能利用连接词判定关系。如果没有连接词，可以采用添加连接词的方式来确定分句之间的关系。例如：

（157）上海浦东近年来颁布实行了涉及经济、贸易、建设、规划、科技、文教等领域的七十一件法规性文件，/<由此>确保了浦东开发的有序进行。[因果](chtb_0001)

3）可能提示关系的其他成分

有一些成分不宜视为连接词，但也能提示篇章关系。例如：

（158）据介绍，大连市去年外贸出口在种种不利条件下仍保持了持续增长的势头，全年出口额达二十五点二四亿美元，比前年增长了两成半以上，高于大连市国内生产总值增长幅度，也高于全国外贸出口的平均增长水平，在中国各城市出口排名中列第七位。/这其中，三资企业出口的稳步增长起到了主力军的作用。[因果](chtb_0026)

4）句式的影响

例（159）中多个小句用了“为……”句式（下划线处），另外还有分号、连接词“还”的配合，因此可以将其判定为并列关系。

（159）甘肃省积极开拓海外市场投保业务，为省国际公司中标的津巴布韦公路项目提供近三千万美元的建筑工程一切险；为兰州石油化工机械厂海外部，新加坡石油钻井平台提供了责任限额一千三百万美元的风险保障；为甘肃省海外经贸洽谈会和海外劳务输出人员提供有关保险项目，还为省火电公司海外业务提供配套保险服务。（chtb_0009）

例（160）中 3 个分句都为动宾关系，因此可以将其视为并列关系。

（160）我们会进一步深化金融体制改革，加强金融监管力度，化解金融风险，将亚洲金融危机对我们造成的不良影响减小到最低程度。

（chtb_0132）

5）标点的影响

篇章关系判定过程中，标点对于关系判定也有很重要的作用，尤其是在并列关系中分号对关系的标记作用。例如：

（161）统计资料显示，过去五年广西对外贸易和利用外资规模迅速扩大，进出口贸易额累计达到一百亿美元，其中出口六十八点七亿美元，分别比“七五”时期（一九八六至一九九〇年）增长一点七八倍和一点四三倍；实际利用外资累计达到三十三点二四亿美元，占改革开放以来累计总额三十八点三九亿美元的百分之八十四点四；边贸成交额一百二十四亿美元。（chtb_0008）

2.2.5　关系角色常规

角色是指篇章关系项所担当的角色，比如在因果关系中，关系项所担当的角色分别为“原因”和“结果”。

1. 符合常规与不符合常规

CDT 并不直接标注“原因”“结果”等角色项，而是通过角色项的位置分布来确定。由于一种语言的角色项的语序一般有一个常规，比如汉语的因果关系中一般“原因”在前而“结果”在后。因此，只要定义一个关系的角色常规即可用“符合常规”与“不符合常规”来标记各种关系的角色项，并可标记其位置。

2. 篇章关系的角色常规

根据汉语语料标注，将关系角色较多出现的位置确定为常规位置。不同关系类型中的关系角色分布常规不同。表 2-4 给出了汉语篇章关系角色的位置常规。标注关系角色是否符合位置常规时依据该表。

表 2-4 汉语篇章关系角色的位置常规

关系类型	角色常规	
	前	后
背景关系	背景	前景
并列关系	并列	并列
递进关系	递前	递后
对比关系	对项	比项
假设关系	假设	结果
解说关系	被解	解释
例证关系	被证	例项
目的关系	目的	行为
评价关系	对象	评价
让步关系	退让	转折
顺承关系	前项	后项
条件关系	条件	结果
推断关系	依据	推论
选择关系	选项	选项
因果关系	原因	结果
转折关系	转前	转后
总分关系	总项	分项

2.2.6 篇章关系中心

1. 中心本质：在上下文连贯关系中确定

一般情况下，每个关系中总存在一定关系项可以作为代表，与其上一层的结构关系构成相应的连贯关系。就操作实践来说，这种中心的确定可以用删除法来确定：在上下文的连贯关系中，中心项是不可删除的，非中

心项是可以删除的。图 2-5 中，箭头指向篇章关系中心。

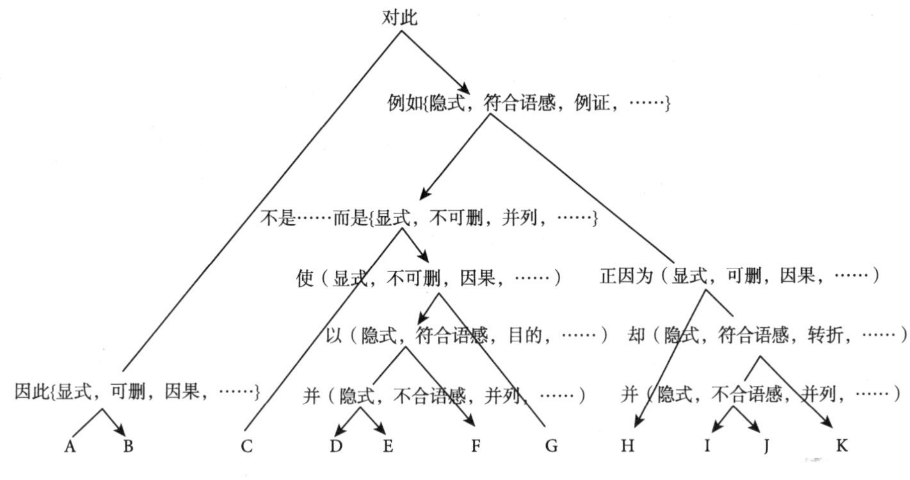

图 2-5　例（162）的篇章关系中心（箭头所指）

（162）[A]浦东开发开放是一项振兴上海，建设现代化经济、贸易、金融中心的跨世纪工程，//[B]因此大量出现的是以前不曾遇到过的新情况、新问题。/[C]对此，浦东不是简单地采取“干一段时间，等积累了经验以后再制定法规条例”的做法，///[D]而是借鉴发达国家和深圳等特区的经验教训，///// [E]<并>聘请国内外有关专家学者，/////[F]<并>积极、及时地制定和推出法规性文件，////[G]使这些经济活动一出现就被纳入法制轨道。//[H]<例如>去年初浦东新区诞生的中国第一家医疗机构药品采购服务中心，正因为一开始就比较规范，///[I]<虽然>运转至今，/////[J]<并>成交药品一亿多元，////[K]<却>没有发现一例回扣。（chtb_0001）①

例（162 中）AB 构成的因果（“因此”）关系中，B 为中心，是因为 B 项可以作为对外代表与后项（C—E）构成上一层结构关系，即背景（“对此”）关系。在构成上一层关系时，AB 中，A 可删除，而 B 不能。对比例（163）的 a、b：

（163）a. [A]~~浦东开发开放是一项振兴上海，建设现代化经济、贸易、金~~

① 此例根据不同章节分析的需要，将在书中出现多次，并标以不同的序号。

~~融中心的跨世纪工程，~~//[B] 因此大量出现的是以前不曾遇到过的新情况、新问题。/[C] 对此，浦东不是简单地采取“干一段时间，等积累了经验以后再制定法规条例”的做法，……，[K]没有发现一例回扣。（√）

b. [A] 浦东开发开放是一项振兴上海，建设现代化经济、贸易、金融中心的跨世纪工程，//[B] ~~因此大量出现的是以前不曾遇到过的新情况、新问题~~。/[C] 对此，浦东不是简单地采取“干一段时间，等积累了经验以后再制定法规条例”的做法，……，[K]没有发现一例回扣。（×）

同理，例（162）中在H与IJK构成的因果关系（“正因为”）中，H为中心，是因为H可以作为对外代表与前项C—G构成上一层结构关系，即例证关系。在构成上一层关系时，在H与IJK中，IJK可删除，而H不能。对比例（164）的a、b：

（164）a. [C] 对此，浦东不是简单地采取“干一段时间，等积累了经验以后再制定法规条例”的做法，[D] 而是借鉴发达国家和深圳等特区的经验教训，[E]<并>聘请国内外有关专家学者，[F] 积极、及时地制定和推出法规性文件，[G] 使这些经济活动一出现就被纳入法制轨道。/[H]<例如>去年初浦东新区诞生的中国第一家医疗机构药品采购服务中心，~~正因为一~~开始就比较规范，~~[I]运转至今，[J]成交药品一亿多元，[K]没有发现一例回扣~~。（√）

b. [C] 对此，浦东不是简单地采取“干一段时间，等积累了经验以后再制定法规条例”的做法，[D] 而是借鉴发达国家和深圳等特区的经验教训，[E]聘请国内外有关专家学者，/[F] 积极、及时地制定和推出法规性文件，/[G] 使这些经济活动一出现就被纳入法制轨道。/[H]<例如>去年初浦东新区诞生的中国第一家医疗机构药品采购服务中心，~~正因为一开始就比~~较规范，[I] 运转至今，[J] 成交药品一亿多元，[K] 没有发现一例回扣。（×）

注意对比，在A与B构成的因果关系中，结果（B）为中心；而在H与IJK构成的因果关系中，原因（H）为中心。这说明，中心并不先验地确定于某一种关系的某一关系项，而是动态确定的。根据上面的分析，这种中心从根本上是在上下文全局连贯关系中确定的。正因此，这种中心是更具有篇章特点的中心。

2. 中心的类型与位置

1）中心类型：单中心与多中心

如前所述，一个关系中可能仅有一个关系项可作为对外代表，也可能有两个或多个关系项（并列）均可作为对外代表，前者为单中心，后者为多中心。

2）中心位置：在前、在后

对于一个关系来说，中心可能在前项，也可能在后项；对于多中心的关系，其中心项在前后两个位置都有。

第 3 章

汉英篇章结构的对齐标注

3.1 汉英篇章结构平行语料库的对齐标注策略①

汉英篇章结构平行语料库是为汉英双语翻译文本标注了对齐篇章结构信息的语料库。它在要求语言单位（篇章结构单位）对齐的同时，也要求语言层次结构对齐。结构对齐是汉英篇章结构平行语料库的核心理念，标注了结构对齐信息的双语篇章结构语料库可以为机器翻译等提供较为直接的双语篇章结构转换知识。

现有的一些汉英平行语料库（柏晓静等，2002；王克非，2004；刘泽权等，2008），一般仅进行段落、句子等语言单位对齐，并不提供双语结构对齐标注信息，更无篇章层面的结构对齐信息，这使得其在汉英篇章结构对齐知识的提供上作用相当有限。而现有篇章结构语料库主要还是单语的，英语的如修辞结构树库（Carlson et al.，2003）、宾州篇章树库（Prasad et al.，2008），汉语的如财经篇章修辞结构树库（乐明，2008）、宾州篇章树库模式（Zhou and Xue，2012）、哈工大篇章树库（张牧宇等，2014）、连接依存篇章树库（Li et al.，2014）等，这些篇章结构标注体系不尽一致，也没有基于互译关系的平行文本，由此，难于提供直接的汉英篇章结构转换知识。可以说，至今双语对齐篇章结构知识资源还相当匮乏，这也直接制约了基于篇章结构的机器翻译等研究的进展。在这样的背景下，汉英篇章结构平行语料库的对齐标注具有十分重要的理论和实际意义。

如前所述，结构对齐是汉英篇章结构平行语料库的关键所在。然而，由

① 本节主要内容曾在《中文信息学报》发表，见冯文贺（2013）。

于双语差异等，实现汉英双语篇章结构的完全对齐是一项具有相当挑战性的工作。

3.1.1　已有研究

首先，关于平行语料库的对齐和标注。就此问题，目前的平行语料库工作主要具有以下特点：①理论上对齐和标注可以相对独立进行。通常对齐在前，然后再单独进行各类标注，这也是平行语料库前期多对齐而少深层标注的原因。②对齐多被理解为单位对齐，如段落、句子、小句、短语、词语等各级语言单位的对齐工作；一般不进行各层级的结构对齐工作。③由于标注独立于对齐，标注基本等同于单语上的标注，并不考虑双语问题。

这种“对齐和标注相对独立，有单位对齐而无结构对齐”工作模式的形成，与理论上认为双语的语言结构，特别是句法结构有巨大差异有关；由此，不可能有对齐的句法结构，也不可能有对齐的词性标注等，这就从根本上造成了目前的工作模式。由于对齐和标注独立，又由于有单位对齐而无结构对齐，平行语料库不能高效指导后续的语言技术。例如，在基于结构转换的机器翻译中（刘群，2008），结构对齐和转换不能在现有平行语料库中得到高效指导。

这种工作模式在篇章结构平行语料库中可能得到改变。在汉英篇章结构平行语料库中，将实现“对齐和标注并行，单位对齐和结构对齐共进”。这主要与客观上篇章结构的双语差异可能没有句法结构差异那么大、那么精细有关。另外也与主观上语言学理论对于篇章结构的认识还没有那么根深蒂固有关。

其次，关于篇章结构语料库标注。虽然目前的篇章结构语料库的相关工作主要是单语的，但有关的基本篇章单位定义、结构分析、关系体系及标注等工作，仍可作为篇章结构平行语料库的重要基础。然而，由于要考虑双语对齐，特别是结构对齐，双语平行语料库对于基本篇章单位、结构分析、关系分析等将有一些特别考虑，某些标注可能会和单语上的工作有很大不同。出于双语对齐的视野，对于篇章结构及其分析方面，本书将会有一些不同认识。

3.1.2 汉英篇章结构对齐标注的思想与框架

在篇章结构模式上，CEDT 采用了连接依存树模式。这种连接依存树模式将统一用于汉英平行语料的篇章结构标注。不过，CEDT 并不是各自独立地对汉英平行语料进行篇章结构标注。结构对齐是 CEDT 的核心思想，基本原则是“结构对齐，关系对齐”。例（1）即在此原则指导下进行的对齐标注，该例的结构层次和篇章关系完全相同，见图 3-1。

（1）[A] 少年姓孙，//@[并列][B] 属马，@/@[并列][C] 比小水小着一岁，@///@[并列][D] 个头<u>也</u>没小水高，//@[转折][E] 人<u>却</u>本分实诚。（贾平凹《浮躁》）

[1]This boy, a member of the Sun family, //@[并列][2]had been born in the year of the horse. @/@[并列][3]<u>Although</u> he was a year younger @///@[并列][4]<u>and</u> a head shorter than Water Girl, //@[转折][5]he was honest and sincere.（Goldblatt，1991：25；转引自潘文国，2010：320）

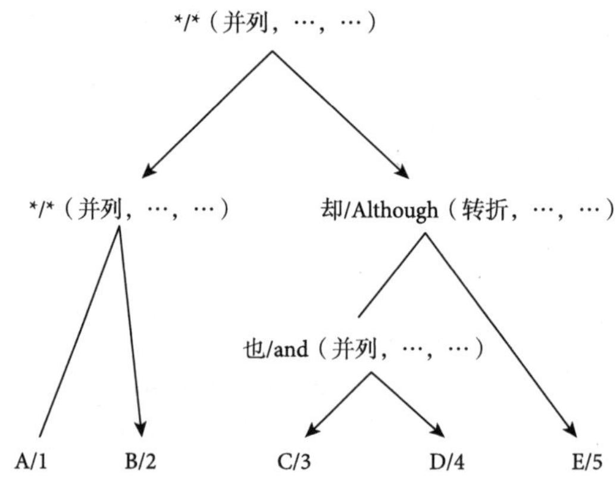

图 3-1 汉英篇章结构连接依存树的对齐标注示例[（例 1）]

关于这一原则有几点需要说明：

第一，本原则的基本假设是具有对译关系的篇章，其内部的层次结构和结构关系一一对应。本质上篇章结构是一种逻辑语义结构，对于一个优质的翻译文本，源语中的因果、转折、并列等逻辑语义关系必然在目的语中得到反映，而且该逻辑语义关系的结构层级等也会得到较好反映。所以这里的“结构对齐、关系对齐”本质上是逻辑语义结构对齐。

第二，本原则没有明确体现单位对齐，并不意味着没有单位对齐，因为单位对齐是结构对齐的必然结果之一。本书在标注过程中，主要着力于从上到下的层层结构对齐，其间及最终自然带来各级篇章单位一直到最小篇章单位的对齐。

第三，本原则在实现双语结构对齐、关系对齐的同时实现标注。所以它实质上是一个“标注中有对齐，对齐中有标注”的对齐与标注合二为一的过程。

基于以上思想，汉英篇章结构的对齐标注任务及对齐标注策略主要包括：

（1）切分对齐标注：主要是双语基本篇章单位（简称 EDU 或小句）的对齐。如图 3-1 中对该例的汉英 EDU 对齐为：A-1、B-2、C-3、D-4、E-5。切分对齐标注的基本策略如下：以汉语小句分析为指导标准，对齐切分英语。

（2）结构对齐标注：主要是双语相应切分的层次结构对齐。如图 3-1 中，汉语层次结构与相应英语结构一一对应：((A B)((C D) E)) ——((1 2)((3 4) 5))。层次结构对齐标注的基本策略如下：以英语为指导标准，对齐分析汉语。

（3）关系对齐标注：对于双语对齐的层次结构，其相应的篇章关系也对齐。如图 3-1 中，汉语的层次结构关系与英语的层次结构关系一一对应：(并列 ((并列 (A B)) (转折 ((并列 (C D)) E)))) —— (并列 ((并列 (1 2)) (转折 ((并列 (3 4)) 5))))。篇章关系对齐标注的基本策略如下：以英语为指导标准，对齐标注汉语。

（4）连接词对齐标注：对于双语对齐的层次结构，其相应的篇章连接词对齐。如图 3-1 中，汉语的连接词及其管辖与英语的层次结构及其管辖一一对应：(** ((** (A B)) (却 ((也 (C D)) E)))) —— (** ((** (1 2)) (Although ((and (3 4)) 5))))。连接词对齐标注的基本策略是：以双语对齐的结构层次为指导，根据双语实际来标注相应的连接词。

（5）关系角色对齐标注：对于双语对齐的层次结构及关系，其相应的篇章关系角色项也对齐。例（1）中各关系的角色项对应的线性顺序位置正好一致，而在另外的情况下，可能双语关系角色项的线性位置不一致，如对于因果关系，可能汉语“原因在前，结果在后”，而相应英语却“结果在前，原因在后”。关系角色对齐标注的基本策略如下：以汉语的关系角色项位置分布常规为指导标准（规定性标准），对齐标注双语具体的关系角色是否符合这一常规。

（6）中心对齐标注：对于双语对齐的层次结构及关系，其中心项对齐。如图 3-1，转折关系（却/Although）中，双语转折后项均为中心项。首层并列关系中，双语并列前项和后项均地位平等，但在第二层并列关系中，双语并列后项均为中心。中心对齐标注的基本策略如下：以英语主从句等形式区分为指导，对齐标注具体关系的中心。

在以上对齐标注策略中，子句对齐分析的汉语（源语）优先策略保证对齐分析始终在篇章范畴内，又反映篇章单位对应的句法结构等情况；结构与关系对齐分析的英语（目的语）优先策略保证对齐结构是翻译者构造的翻译结构；连接词、关系角色及中心的对齐标注策略，保证基于结构对齐准确反映双语的篇章语法形式差异。

不同于以往平行语料库的构建通常“有单位对齐而无结构对齐，对齐和标注相对独立”，这种对齐标注策略根本上是一种“单位对齐和结构对齐共进，对齐和标注并行”的平行语料库构建方式。

CEDT 的价值在于：第一，不同于单语篇章结构分析，这种双语篇章结构对齐分析，是一种反映了翻译关系的篇章结构分析。对比例（2）的 a、b、c，对于相同汉语语段，不同翻译者有不同的结构理解，由此有不同翻译结构。本质上 CEDT 构造的对齐结构反映的是翻译者的理解结构（源语）与翻译结构（双语）。由此，CEDT 对于翻译研究有更直接的价值。第二，不同于一般平行语料库，CEDT 既有单位对齐又有结构对齐，并且基于结构对齐，标注了双语的连接词、中心等重要语篇属性。由此，CEDT 可以提供更丰富的双语篇章结构翻译信息。具体而言，CEDT 在篇章单位（含其主从地位）、篇章结构与关系（含关系角色顺序）、连接词等方面的汉英篇章结构翻译等研究中起基础性资源作用。

（2）a. 现在，我代表国务院，//@[条件] 向大会作政府工作报告，@///[目的]请予审议，@/@[并列] 并请全国政协各位委员提出意见。（《中国政府工作报告》，2014 年）

On behalf of the State Council,//@[条件] I now present to you the report on the work of the government @/// [目的]for your deliberation, @/@[并列] and I welcome comments on my report from the members of the National Committee of the Chinese People's Political Consultative Conference (CPPCC). (《中国政府工作报告》译文[①], 2014 年)

b. 现在，我代表国务院，//[条件] 向大会作政府工作报告，///[目的]请各位代表审议，/[并列]并请全国政协委员提出意见。(《中国政府工作报告》，2011)

On behalf of the State Council,//@[条件] I now present to you my report on the work of the government @///[目的]for your deliberation and approval.@/@ [并列]I also invite the members of the National Committee of the Chinese People's Political Consultative Conference (CPPCC) to submit comments and suggestions. (《中国政府工作报告》译文，2011 年)

c. 现在，我代表国务院，/@ [条件]向大会报告政府工作，//@[目的]请各位代表审议，@///@[并列] 并请全国政协委员提出意见。(《中国政府工作报告》，2012)

On behalf of the State Council, /@ [条件]I now present to you my report on the work of the government //@[目的] for your deliberation and approval @///@[并列] and for comments and suggestions from the members of the National Committee of the Chinese People's Political Consultative Conference (CPPCC). (《中国政府工作报告》译文，2012 年)

3.1.3 切分对齐

切分对齐指篇章单位对齐，它用来解决某一语段能否切分或切分到何处的问题。其关键是基本篇章单位对齐问题。基本篇章单位是篇章结构从上到

① 本书《中国政府工作报告》译文均来自官方译文，来源为中华人民共和国中央人民政府官方网站英文版：http://english.gov.cn/[2018-6-20]。不再一一注明。

下切分的终点（在从下到上的结构组合中是起点）。汉语和英语的基本篇章单位有重要差异，要给出一个同时适合两种语言的基本篇章单位定义，并用于工程实践是困难的。在这个问题上，采用“源语优先”的对齐策略，即首先按既定的汉语基本篇章单位进行切分，然后以英语对齐（最终可根据结果归纳英语基本篇章单位）。例（1）的切分对齐就是在这一原则下实现的。对于汉语基本篇章单位，采用一个操作性强的标准（见2.2.1）：小句含传统单句及复句中的分句。结构上，小句至少包含1个谓语部分，至少表达1个命题；功能上，小句对外不作为其他小句结构的语法成分，小句和其他篇章单位发生命题关系，小句去除篇章化手段后一般可以独立成为句子；形式上，小句间一定有标点（逗号、分号和句号等）分割。

需要指出，汉英基本篇章单位的差异主要在内部结构，其对外语义功能是一致的，即均与其他篇章单位发生命题间“因果、转折”等关系，而非发生句法成分之间的语义关系。从处理结果上看，这种对齐切分的结果表现为：

1）双语文本都是典型基本篇章单位

典型基本篇章单位既具备一定结构要素，又具备特定功能要素。其中结构要素一般包含谓语部分，功能要素是对外发生命题关系。例（3）—例（4）中对齐的基本篇章单位都比较典型①。

（3）中国是世界上历史最悠久的国家之一。/中国各族人民共同创造了光辉灿烂的文化，//具有光荣的革命传统。

China is a country with one of the longest histories in the world. /The people of all of China's nationalities have jointly created a culture of grandeur//and have a glorious revolutionary tradition.

（4）一九一一年孙中山先生领导的辛亥革命，废除了封建帝制，//创立了中华民国。/但是，中国人民反对帝国主义和封建主义的历史任务还没有完成。

The Revolution of 1911, led by Dr. Sun Yat-sen, abolished the feudal

① 本节以下各例均来自《中国宪法》（2004，中英文），语料来源为中国人大网英文版：http://www.npc.gov.cn/[2018-6-20]。

monarchy//and gave birth to the Republic of China. / But the historic mission of the Chinese people to overthrow imperialism and feudalism remained unaccomplished.

2）源语是典型基本篇章单位，目的语不是典型基本篇章单位

注意对照例（5）—例（6）中画线部分的内部结构。

（5）人民依照法律规定，通过各种途径和形式，管理国家事务，/管理经济和文化事业，//管理社会事务。

The people administer State affairs /*and* manage economic and cultural undertakings //and social affairs through various channels and in various ways in accordance with the provisions of law.

（6）在维护民族团结的斗争中，要反对大民族主义，//主要是大汉族主义，/也要反对地方民族主义。

In the struggle to safeguard the unity of the nationalities, it is necessary to combat big-nation chauvinism, // mainly Han chauvinism, /and to combat local national chauvinism.

3.1.4 层次结构对齐

层次结构对齐要求双语的篇章层次结构分析一致。层次结构是篇章单位语义亲近程度的反映，具有一定客观性，通常双语的篇章层次结构会自然对应，如例（3）—例（4）。这种情况下各自独立标注双语，也会得到双语篇章层次结构对齐。但由于双语差异和篇章层次结构的理解主观性，目的语中会加入特定语言特征和翻译者的主观理解，并进而影响目的语的层次结构。在这种情况下，使用目的语优先原则进行层次结构对齐。对比例（7）—例（9）的 a、b 两种可能处理，其中 b 为目的语优先原则下的处理。

（7）a. 人民依照法律规定，通过各种途径和形式，管理国家事务，/管理经济和文化事业，/管理社会事务。

b. 人民依照法律规定，通过各种途径和形式，**管理**国家事务，/**管**

理经济和文化事业，//管理社会事务。

The people **administer** State affairs **/and manage** economic and cultural undertakings //**and** social affairs through various channels and in various ways in accordance with the provisions of law.

（8）a. 一九四九年，以毛泽东主席为领袖的中国共产党领导中国各族人民，在经历了长期的艰难曲折的武装斗争和其他形式的斗争以后，终于推翻了帝国主义、封建主义和官僚资本主义的统治，///取得了新民主主义革命的伟大胜利，//建立了中华人民共和国。/从此，中国人民掌握了国家的权力，//成为国家的主人。

b. 一九四九年，以毛泽东主席为领袖的中国共产党领导中国各族人民，在经历了长期的艰难曲折的武装斗争和其他形式的斗争以后，终于推翻了帝国主义、封建主义和官僚资本主义的统治，//取得了新民主主义革命的伟大胜利，//建立了中华人民共和国。/从此，中国人民掌握了国家的权力，//成为国家的主人。

After waging protracted and arduous struggles, armed and otherwise, along a zigzag course, the Chinese people of all nationalities led by the Communist Party of China with Chairman Mao Zedong as its leader ultimately, in 1949, overthrew the rule of imperialism, feudalism and bureaucrat-capitalism, //won a great victory in the New-Democratic Revolution //**and** founded the People's Republic of China. /Since then the Chinese people have taken control of state power and become masters of the country.

（9）a. 中国人民和中国人民解放军战胜了帝国主义、霸权主义的侵略、破坏和武装挑衅，/维护了国家的独立和安全，/增强了国防。

b. 中国人民和中国人民解放军战胜了帝国主义、霸权主义的侵略、破坏和武装挑衅，/维护了国家的独立和安全，//增强了国防。

The Chinese people and the Chinese People's Liberation Army have defeated imperialist and hegemonist aggression, sabotage and armed provocations **/and** have thereby safeguarded China's national independence and security //**and** strengthened its national defence.

这种处理在目的语中往往有形式标志。如例（7）英语谓词 administer 和 manage 所引导的篇章单位首先构成第一层并列，而汉语原有的后一个并列项为第二层并列，因为英语中后一个并列项与前一并列项共享一个谓词 manage。例（8）中，逻辑上“终于……统治”“取得……胜利”前二分句的关系比后一分句“建立……共和国”的关系近一点，但对应英语采用“…，…，and”一般并列结构的连接形式，故采用 b 的结构分析。而例（9），直观上汉语的 3 个分句可构成并列，但对应英语采用的“and…and”并不是英语连接同层并列的一般方式，分析后可知，第 1 个 and 的地位要高于第 2 个 and，故采用 b 的结构划分。这种“注重形式，目的语优先”的层次结构对齐方式有利于指导机器翻译中的结构转换等工作。

3.1.5　关系对齐

关系对齐要求双语对应结构的篇章关系类别判定要一致。篇章关系本质上是逻辑关系，由于逻辑关系的客观性，通常来判定一种语言的篇章关系，然后同时运用于两种语言即可。不过，篇章关系的理解具有主观性，特别是翻译文本中会加入翻译者的主观理解，从而会影响到目的语。这种情况下按照目的语优先原则进行关系对齐。例（10）—例（11）所标记关系即为目的语优先原则下的对齐标注。目的语优先通常要求目的语有形式标志，例（10）的连接词“and…thereby”，例（11）的“to”提示了相应关系。目的语优先的关系对齐有利于指导机器翻译的关系翻译等。

（10）中国人民和中国人民解放军战胜了帝国主义、霸权主义的侵略、破坏和武装挑衅，/[递进，因果]维护了国家的独立和安全，//增强了国防。

The Chinese people and the Chinese People's Liberation Army have defeated imperialist and hegemonist aggression, sabotage and armed provocations /[递进；因果]**and** have **thereby** safeguarded China's national independence and security //and strengthened its national defence.

（11）各少数民族聚居的地方实行区域自治，/设立自治机关，//行使自治权。

Regional autonomy is practised in areas where people of ethnic groups live in concentrated communities; /in these areas organs of self-government are established//[目的] **to** exercise the power of autonomy.

3.1.6 中心对齐

中心通常是关系项的主旨或重点，中心对齐要求双语文本对于关系项主次地位的判定要一致。中心项的确定有客观性，但也有理解主观性，翻译中会加入翻译者的理解，进而影响目的语的语言结构，这时使用目的语优先原则进行对齐。这时候目的语一般有形式标志，如例（12）下划线所示英语篇章单位的不定式形式提示该项在相应关系中的非中心地位，例（13）下划线英语篇章单位的名词短语限定形式、定语从句形式和主要谓语形式提示相应项的主次地位。采用目的语优先的中心对齐标注，对于机器翻译中主从结构转换等会有一定指导意义。

（12）各少数民族聚居的地方实行区域自治，/设立自治机关，*//行使自治权。

Regional autonomy is practised in areas where people of ethnic groups live in concentrated communities; /in these areas organs of self-government are established*//<u>to exercise the power of autonomy.</u>（注：这里用*标记相应层次结构的中心项，下同）

（13）中国人民政治协商会议是有广泛代表性的统一战线组织，*//过去发挥了重要的历史作用，/*今后在国家政治生活、社会生活和对外友好活动中，在进行社会主义现代化建设、维护国家的统一和团结的斗争中，将进一步发挥它的重要作用。

The Chinese People's Political Consultative Conference, <u>a broadly based representative organization of the united front * //which has played a significant historical role,</u> /* <u>will play a still more important role</u> in the country's political and social life, in promoting friendship with other countries and in the struggle for socialist modernization and for the reunification and unity of the country.

3.1.7　角色分布对齐

角色指篇章关系中关系项的角色地位，如在因果关系中，一个关系项为“原因”项，另一个关系项为“结果”项。角色分布指关系项的位置分布或顺序，比如汉语的“因果关系”通常“原因”在前而“结果”在后。本书以汉语的角色分布常规作为角色分布的对齐标准。对于一个“原因”在后，“结果”在前的文本，无论汉语还是英语，均认为其“不合常规”。这种对齐对于机器翻译中的语序调整将起一定作用。

3.1.8　结语

对齐标注是汉英篇章结构平行语料库的核心理论基础，本节提出“结构对齐，关系对齐”的对齐标注策略，应用于切分对齐、层次结构对齐、关系标注对齐、中心对齐等环节，实现了“对齐和标注并行，单位对齐和结构对齐共进”的平行语料库构建模式。本策略辅之以相应工作平台、工作程序及有关难点解决方案，被证明是一种高效的篇章结构平行语料库工作方式。

3.2　汉英篇章结构平行语料库对齐标注的难点与对策①

如图 3-1 所示，CEDT 整体采用类修辞结构的连接依存树篇章模式，所设计的统一标注体系同时应用于双语标注。依据篇章结构标注任务，相应

① 本节主要内容在第十届全国机器翻译研讨会（2014，澳门）上报告过，见冯文贺等（2014）。

对齐标注工作主要包括篇章单位切分对齐、结构对齐、关系对齐、中心对齐等，3.1 部分提出了这些对齐标注的一般性规范。由于汉英两种语言属于不同语系，存在众多差异，再加上翻译者和标注者的翻译及理解主观性等，都给对齐标注带来一些难点问题。正确认识和合理解决这些难点问题就成为汉英篇章结构平行语料库创建中的关键问题。本节结合标注实践，系统总结和分析汉英篇章结构对齐标注中的难点问题，并给出了相应的解决方案。

3.2.1 切分对齐的难点与对策

切分对齐是指语段该不该切分、在何处切分的问题，它要求汉英对译文本的切分位置保持一致。切分对齐是标注工作的基础，切分得当，层次结构才可能准确对齐，关系对齐和中心对齐才能更好实现。切分对齐的关键在于基本篇章单位（小句）对齐，对此，CEDT 一般采用“汉语优先”的策略，即原则上总是保证汉语的最小切分是一个篇章单位，并以汉语为标准对应得到相应的英语切分。例如：

（14）消化要素成本上涨压力，/正确引导市场预期，//坚决抑制价格上涨势头。

We need to cushion the upward pressure for costs of factors of production,/ and correctly guide market expectations// to resolutely curb price rises.（以下例子，除特别注明，均出自《2011 年政府工作报告》汉英双语版）

例（14）中汉语根据小句标准（李艳翠等，2013）可切分出 3 个小句，相应的英语也切分为 3 个小句。注意，其中英语“to”引导的结构并非是一个典型的小句，这一篇章单位是在“汉语优先”的策略下对齐切分而来的。这种策略可以保证结构对齐总是在篇章结构范畴内。由于汉英差异的复杂性，切分对齐仍有一些难题。

1. 汉语句法结构转化为英语篇章结构的问题

汉语的句法结构有可能转化为英语的篇章结构，而汉语的句法成分会转化为英语的一般小句形式等，这时按照“汉语优先”有可能带来英语的整体结构性错误。例如：

（15）“十一五”前期，针对投资增长过快、贸易顺差过大、流动性过剩，以及结构性、输入性物价上涨等问题，//采取正确的政策措施，/**有效防止了苗头性问题演变成趋势性问题、局部性问题演变成全局性问题。**

In the early stages of the Eleventh Five-Year Plan period, we adopted correct policies and measures //to address overheated investment growth, the excessive trade surplus, excess liquidity, and structural and imported inflation; /**effectively prevented emerging problems from evolving into trends; and prevented problems in any one area from becoming general problems.**

（15）’“十一五”前期，针对投资增长过快、贸易顺差过大、流动性过剩，以及结构性、输入性物价上涨等问题，采取正确的政策措施，/有效防止了苗头性问题演变成趋势性问题、/局部性问题演变成全局性问题。（×）

In the early stages of the Eleventh Five-Year Plan period, we adopted correct policies and measures to address overheated investment growth, the excessive trade surplus, excess liquidity, and structural and imported inflation; /effectively prevented emerging problems from evolving into trends;/and prevented problems in any one area from becoming general problems.

例（15）中“局部性问题演变成全局性问题”在汉语中作为并列宾语的一部分出现，是句子的一个句法成分；相应英译部分“and prevented...general problems”在英语中却是复杂句的一个小句，与其他小句呈现明显的并列关系，整体呈现为“...；...；and”的典型并列模式。按照“汉语优先”标准，英语的最后一个并列小句不能切分，如此，英语最后一个并列小句将没用“and”连接，这显然不合英语规范。

一般而言，双语篇章结构标注十分注重标点符号、连接词等显性标记模式的提示作用，在这种情况下，如果按照“英语优先”来对齐切分汉语，将得到例（15）’。然而，若是如此，一方面将切分出“局部性问题演变成全局性问题”这样的汉语非小句单位，另一方面汉语的小句单位“针对投资……等问题”也将不能得到切分，这样就会破坏整个篇章结构分析。可以说，相比“汉语优先”，“英语优先”的切分将带来更多问题。考虑到这种情况在汉-英翻译中是少数情况，本书最终仍采用“汉语优先”的切分对齐策略，即采用例（15）的切分。

就双语转换事实而言，这里反映的问题是，汉语的句法结构转化为英语的篇章结构的情况。为简化对齐分析中的问题及矛盾，汉英篇章结构平行语料库暂不正面解决这一问题。在汉英篇章结构平行语料库中，“汉语优先”在根本上是为了保证汉语的每一个篇章结构问题都可以得到对应的英语结构转换。而对于英语的每一个篇章结构问题转化为汉语的情况，将在进一步的英汉篇章结构平行语料库（语料为英-汉翻译方向）研制中进行系统性解决，届时将按照“英语优先”来对齐切分汉语。

2. 一些传统汉语“介词短语”结构的语法性质问题

汉语介词由动词演化而来，一些介词还有一定的词汇意义，如“以”“通过”“针对”等，由这些词引导的“介词短语”被逗号切分后，具有相当强的成句性，可以与相关小句发生命题间关系。这种结构在单纯汉语篇章结构小句认定时就存在一定争议。对于这些结构，当其转换为英语时，也方便划分小句的，即确定为小句。例如：

（16）**我们一定要以对国家和人民高度负责的精神，//通过艰苦细致的工作和坚持不懈的努力，**/加快解决这些问题，//让人民满意！

We must therefore have a strong sense of responsibility toward the country and the people //and work tirelessly and painstakingly /to solve these problems more quickly //to the satisfaction of the people.

例（16）中，汉语“以”和“通过”引导的句法结构，分别对应英语的 2 个主句结构，并以“and”连接。而汉语“加快……问题”和“让……满意”两句则对应英语的两个“to”结构。这种对齐切分是比较合理的切分，不仅考虑到了双语小句对应的情况，也考虑到了进一步的结构对齐、关系对齐及中心对齐的问题。

汉语“针对”等词引导的结构与其对应英语往往也很方便作类似的对齐切分，例如：

（17）**针对工程建设、土地使用权出让和矿产资源开发、国有产权交易、政府采购等重点领域存在的问题，**/加大查处违法违纪案件工作力度，//坚决惩处腐败分子。

In regard to problems in key areas such as construction, sale of land-use rights, exploitation of mineral resources, trading of state-owned property rights, and government procurement, /we will intensify investigations and prosecutions of violations of the law or discipline //and resolutely punish corruptionists.

例（17）中，汉语“针对”引导的结构转换为英语的介词结构，而在汉英翻译中由汉语句子转化为英语介词结构是很普遍的情况。这种分析符合汉英篇章结构转换的一般情况。

切分对齐以“汉语优先”为基本策略，对于个别汉语小句切分标准不清晰的问题，如介词结构的判断问题，从根本上看，是从汉英篇章转换的角度进一步明确了汉语小句的标准。

3.2.2　层次结构对齐的难点与对策

层次结构对齐指汉英篇章层次结构的判断要一致。层次结构是篇章单位间逻辑语义亲近关系程度的反映，又体现为篇章关系的管辖范围的大小。一般而言，双语篇章层次结构会较好地对齐，这特别反映在较高层次的篇章结构上。双语篇章结构转换的关键在底层篇章结构的转换问题上（复句或复杂句内的结构转换问题）。对此，CEDT 原则上采取“英语优先”策略，本质上是因为这种策略可以反映双语的翻译结构，另一方面也因为在底层篇章结构上英语有较明显的形式标志。例如：

（18）加快建设国家创新体系，//实施知识创新工程和技术创新工程，//突破了一批产业发展急需的前沿技术、核心技术和关键装备技术，/一大批科研成果实现了产业化。

We accelerated the development of the national innovation system; //carried out knowledge innovation projects and technology innovation projects; //and made breakthroughs in urgently needed cutting-edge technologies, core technologies and key equipment technologies. / A large number of research results have been applied in industrial production.

例（18）中的汉语是一个复句，内部小句间均以逗号隔开，不便从形式上判断其内部的层次结构。而相对应的英语分别以句号和分号及连接词“and”分割和连接，根据这些结构形式很容易对英语进行结构分析，进而对齐切分到汉语的层次结构。不过，这种结构分析从本质上也反映了双语翻译结构。由于双语差异等，“英语优先”策略下依然存在一些难点问题。

1. 汉语有明显层次结构标记问题

汉语句子带有可以显示篇章结构的某种标记，然而相应英语又呈现另一种结构标记，并且提示其结构与汉语层次结构不同。这时会给双语结构对齐分析带来一定困扰，例如：

（19）现在，我代表国务院，//向大会作政府工作报告，///请各位代表审议，/并请全国政协委员提出意见。

On behalf of the State Council, //I now present to you my report on the work of the government ///for your deliberation and approval. /I also invite the members of the National Committee of the Chinese People's Political Consultative Conference (CPPCC) to submit comments and suggestions.

（19）' 现在，我代表国务院，//向大会作政府工作报告，/请各位代表审议，//并请全国政协委员提出意见。

On behalf of the State Council, //I now present to you my report on the work of the government /for your deliberation and approval. //I also invite the members of the National Committee of the Chinese People's Political Consultative Conference (CPPCC) to submit comments and suggestions. （×）

单看汉语，“请……，并请……”格式中既有连接词“并”提示并列关系，又有共同的谓语动词“请”引出的兼语结构句，很容易认定该格式的并列关系，并处理为例（19）’。然而，这种分析与英语结构又不同，英语中“I also...”前的句号和该句中的“also”都提示了另外的结构分析，即例（19）的分析。注意，直观上汉语的连接词“并”连接的是两个汉语小句，而英语的“also”连接的是两个英语句子。这时会给结构对齐标注造成一定困扰。

有时，汉语有分号和明显排比句式，呈现显著的并列结构模式，而英语翻译在结构上又完全不同，分析困扰就更大，例如：

（20）我们战胜各种严峻挑战，靠的是发展；//各领域取得的一切成就和进步，靠的是发展；/解决前进道路上的困难和问题，仍然要靠发展。

We have relied on development to overcome all types of severe challenges,// and all our achievements and progress in every area come from development. /We must therefore continue to rely on development to resolve the difficulties and problems on the road ahead.

（20）’我们战胜各种严峻挑战，靠的是发展；/各领域取得的一切成就和进步，靠的是发展；/解决前进道路上的困难和问题，仍然要靠发展。

We have relied on development to overcome all types of severe challenges,/ **and** all our achievements and progress in every area come from development. /We must **therefore** continue to rely on development to resolve the difficulties and problems on the road ahead. （×）

按照汉语分号和排比句式的一般结构对应情况，很容易认定例（20）’3 个汉语小句为并列。然而对应的英语却采用了另外的结构形式，其中明显与汉语不同的是用 1 个句号切分出了 2 个句子，这就在结构上和汉语结构有了根本性不同。

对于上述情况，本书依然采用“英语优先”的结构对齐策略。根本依据是这可以反映双语的翻译结构，就例（19）来看，依据英语切分汉语，让汉语连接词“并”连接“现在……各位代表审议”和“请全国政协委员提出意见”，在内容上可能更有依据，因为前项主要是对人大代表的事情，而后项主要是对政协委员的事情。这样处理也较好地反映了“also”和“并”在管辖范围上的翻译关系。而如果按“汉语优先”的例（19）’，让“also”连接介词短语“for your deliberation and approval”和句子“I invite...suggestions”是完全不符合英语语法规范的。

2. 英语的状语结构管辖问题

汉语的某些小句转化为英语的状语，英语状语结构的语义和语法结构不完全一致，在采用“英语优先”策略时，采用何种英语结构分析会给标注带来一定困扰。例如：

（21）抓紧建立保障性住房使用、运营、退出等管理制度，/提高透明度，/加强社会监督，//[目的]**保证符合条件的家庭受益**。

We will promptly establish an administrative system for the use, operation and return of low-income housing; /increase transparency; /and strengthen public oversight//[目的] **to ensure that eligible families benefit from low-income housing**.

（21）’抓紧建立保障性住房使用、运营、退出等管理制度，//提高透明度，//加强社会监督，/[目的]**保证符合条件的家庭受益**。

We will promptly establish an administrative system for the use, operation and return of low-income housing; //increase transparency; //and strengthen public oversight/ [目的]**to ensure that eligible families benefit from low-income housing**. （×）

从语法结构上看，例（21）“to”引导的不定式结构只是最后一个分句的状语，语法管辖决定了其只能在最后一个句内划分。但从语义关系看，

"to"引导的不定式结构可以管辖前面 3 个小句，与前 3 个小句构成目的关系，相应地，其结构地位要高，结构分析为例（21）'。选择语义管辖还是语法管辖就成了结构分析的一个困扰。再看例（22）。

（22）近两年，**面对百年罕见的国际金融危机冲击**，//我们沉着应对，/科学决策，/果断实行积极的财政政策和适度宽松的货币政策。

In the last two years, we responded coolly// **to the impact of the global financial crisis—a crisis of a severity seldom seen in the last century,** / made decisions scientifically /and resolutely followed a proactive fiscal policy and moderately easy monetary policy.

例（22）中，从汉语看，"面对"引导的小句也有管辖范围问题，即管辖其后的 1 个小句，还是 3 个小句。但与例（21）不同的是，从对应英语看，由于"to"引导的介词短语在第 1 个小句后面，语法上"to"引导的介词短语结构只与第 1 个小句发生关系，并且由于语法限制很难从语义上与后 2 个小句发生关系。这样就只有例（22）的分析才是唯一合理的方案。这种选择的实质是在"英语优先"策略下，进一步确定句法优先，而非语义优先。

参考例（22）后，进一步确定了前一例选择例（21）而非例（21）'的分析。其依据在于，本质上这种结构分析体现了双语间的翻译结构关系，双语篇章结构平行语料库的根本目的在于服务于翻译，而不仅仅是一般的篇章语义分析。另外，这种选择也可以使得例（21）—例（22）获得统一的分析，因为它们一般都是状语管辖的问题，从而简化问题。

3. 同类的层次问题

英语使用多个同类结构表达同类关系，而其间层次结构并不相同，这时结构对齐分析会有一定难度。例如：

（23）我们一定要以对国家和人民高度负责的精神，//[并列]通过艰苦细致的工作和坚持不懈的努力，/[目的]**加快解决这些问题**，//[目的]**让人民满意！**

We must therefore have a strong sense of responsibility toward the country and the people //[并列]and work tirelessly and painstakingly /[目的]**to solve these problems more quickly** //[目的]**to thc satisfaction of the people**.（多个 to 结构表目的）

（24）我们有效应对国际金融危机冲击，/保持经济平稳较快发展，//**胜利完成“十一五”规划的主要目标和任务，/国民经济迈上新的台阶**。

We effectively warded off the impact of the global financial crisis, //maintained steady and rapid economic development //[并列]**and fulfilled the major objectives and tasks of the Eleventh Five-Year Plan,** /[并列]**and the economy scaled new heights.** （多个 and 表并列）

（25）**要以经济和法律手段为主，**[1]//[并列]**辅之以必要的行政手段，**[2]/[条件]全面加强价格调控和监管[3]。

We need to comprehensively strengthen our work controlling and monitoring prices [3]/[条件]**mainly through economic and legal methods supplemented** [1]//[并列]**by administrative means when necessary**[2].（多个介词结构表条件）

对于这类情况，需要综合语义、语法等多种因素，来确定相关结构的层次。例（23）中，从语法和语义上可以确定第 1 个“to”引导的是整个不定式结构“to solve…the people”，在第 1 个层次上，与前面的语段构成目的关系。而第 2 个“to”引导的介宾结构仅仅与语段“solve these … more quickly”构成目的关系。

例（24）需要从并列结构的一般表达模式上来判断整体并列结构及其间两个“and”的结构地位。根据多项并列一定要在最后一项前使用 and，而前项可以使用逗号或分号连接的结构模式，即“,/; … (,/;) and”，可以确定后一个“and”的并列前项为“We effectively…financial crisis”和“maintained steady…economic development”，由此其地位较前一个“and”的地位要高。而前一个“and”仅仅连接“maintained steady…economic development”和“fulfilled the … Five-Year Plan”，其地位较后一个“and”要低。

例（25）的情况更为复杂，主要是英语的两个介词结构相对于汉语发生了较大语序结构变化。按照语法，英语的两个介词结构是逐层附加到主干部分的，但由于翻译时语段顺序改变，不能对齐进行汉语的结构分析。这种情况下，把两个介词结构划分为并列结构，共同修饰核心语段，以方便进行双语结构对齐分析。这种分析在语言事实上也有一定支持，英语的这两个介词结构间也可以添加一个连接词“and”来加以连接。

3.2.3　关系对齐的难点与对策

关系对齐指双语相应篇章结构间的因果、转折等篇章关系要标注一致。一般而言，篇章关系是逻辑语义关系，具有客观性，双语篇章关系通常自然对应。但是，汉英语言结构的差异性，翻译者和标注者的主观性，都会带来双语篇章关系分析的差异。对此，CEDT 整体上采取了“英语优先”的策略，一方面是因为这样可以体现翻译结构，另一方面也与英语的较多关系标记容易判断有关。如例（26）的英语连接词“thus”可以较好提示因果关系。

（26）我们成功举办北京奥运会、上海世博会，/[因果]实现了中华民族的百年梦想。

We successfully hosted the Beijing Olympics and Shanghai World Expo, /[因果]<u>thus</u> fulfilling dreams the Chinese nation had cherished for a century.

1. 连接词的一词多义问题

“英语优先”的关系对齐标注中一个重要依据是英语有关系词作为关系标记。然而，英语的关系词有相当一部分是多义的，其关系判定就有一定困难。最突出的是“and”，其多用于表并列关系，但也可以表示顺承、递进、因果、目的等多种关系。

（27）政府的一切权力都是人民赋予的，/[因果]必须对人民负责，//[并列]为人民谋利益，//接受人民监督。

All the government's power is entrusted by the people,/[因果] and the government must therefore be responsible for the people,// work to benefit them, //[并列]and accept their oversight.

（28）改革开放是实现国家强盛、人民幸福的必由之路，/[因果]必须贯穿社会主义现代化建设全过程。

The only way to make the country strong and prosperous and to ensure the people's happiness is through reform and opening up, /[因果]and we must implement them throughout the course of socialist modernization.

例（27）中，第 1 个“and”表因果关系，可以根据“therefore”得到判断；而第2个“and”表并列，可以根据“..., ..., and”的并列模式得到判断。但对于例（28）则只能依据“and”连接的前后项内在的逻辑关系来判断了。

2. which 句的关系问题

英语中“which”一词引导非限制性定语从句，与主语之间属于主从关系，直观而言，可以将其归为解说关系，即定语从句是对主语的进一步说明。然而，“which”引导的从句，统一解释为解说关系，并对齐到汉语是有一定困难的。例如：

（29）制定并实施国家中长期科学和技术发展规划纲要，/中央财政科技投入 6197 亿元，///年均增长 22.7%，//[因果][*解说]**取得了一系列重大成果**。(注：用*表明错误的关系分析)

We formulated and implemented the National Medium- and Long-Term Plan for Scientific and Technological Development./ The central government allocated 619.7 billion yuan for science and technology, ///an average annual increase of 22.7%, //[因果][*解说]**which resulted in a series of major achievements.**

根据英语的“resulted in ... achievements ”和汉语的“取得……成果”等，更适合认定相关语段间为因果关系，而非解说关系。对于“which”引导的从句和相关主句的关系，全面考察后，笔者认为："which"一词只是作为一个指代词，指代前面的某个短语或句子，而相关主从句间的关系则宜根据其间的实际逻辑关系判断。

3. 英语句法结构的关系问题

汉语的篇章结构有的转换为英语的句法结构，这个时候不便于从英语句法结构间的关系确定篇章关系，这样就成为一个难点问题。

（30）**国内生产总值达到39.8万亿元，//[条件] [*并列]年均增长11.2%，**/财政收入从3.16万亿元增加到8.31万亿元。

GDP grew at an average annual rate of 11.2%//[条件][*并列] to reach 39.8 trillion yuan./ Government revenue increased from 3.16 trillion yuan to 8.31 trillion yuan.

例（30）中从汉语看，两个小句之间的关系似乎是并列关系，然而英语"to reach 39.8 trillion yuan"在语法上明显不能与前面的语段构成并列关系，很难进行关系对齐。就语义上看，作为增长到的某种程度，"to reach 39.8 trillion yuan"与前面的语段可以有两种关系成立：因果关系和条件关系。这里选择条件关系，是因为汉英文本中两个语段的顺序发生了变化，"at an average annual rate of 11.2%"（年均增长11.2%）作为插入语出现在"GDP grew to reach 39.8 trillion yuan."，这个句子中间，表明以什么样的程度增长着，这个语段可以移至句首，将句子变成"At an average annual rate of 11.2%, GDP grew to reach 39.8 trillion yuan."这样更适合认定其间是条件关系。可以看出，对于这类问题，既需要考虑双语关系分析的适合性，还要考虑逻辑语义关系的各种可能性及其在句法关系上的适应性。这类问题判断是比较复杂的。

4. 没有连接词

汉语和英语都没有连接词作为关系标记，而关系类型又难以判断时，可以采取以下两种方法解决这个问题。

添加连接词法：为当前关系添加某类关系的典型连接词，如果连贯顺畅，该关系可能即为当前关系的所属类别。如例（31）通过添加“但是”进行测试，可以判定相应关系为转折关系。

提问回答法：用适合于某类关系的提问方式测定当前关系，如果当前关系的前后项比较适合该提问方式则认定当前关系即为该类关系。如例（31）对前项提问“怎样区域自治”，而后项适合作为该项回答，可以认定当前关系为解释关系。

（31）各少数民族聚居的地方实行区域自治，//**[解释](提问：“怎样区域自治？”)**设立自治机关，///**[目的](添加连接词：“以”)**行使自治权。/**[转折](添加连接词：“但是”)**各民族自治地方都是中华人民共和国不可分离的部分。

3.2.4 中心对齐的难点与对策

中心对齐是指双语文本对相应的关系项的主次地位的判断要一致。CEDT 一般采取“英语优先”的策略，以英语的结构形式来判断关系项的主次。例如：

（32）我们一定要以对国家和人民高度负责的精神，@//@[并列]通过艰苦细致的工作和坚持不懈的努力，@/ [目的]加快解决这些问题，//让人民满意！

We must therefore have a strong sense of responsibility toward the country and the people @//@[并列]and work tirelessly and painstakingly @/[目的]to solve these problems more quickly @//to the satisfaction of the people.（注：这里@标明中心所在的关系项）

目的语在英语句子中以状语成分出现，结构上与句子主干明显有主次之分，因此目的语在句中作为非中心项。类似判断还有：which 引导的定语从句、for 引导的目的语、with 引导的方式状语等。中心对齐分析主要是服务于汉英翻译的主从句及句法结构转化。由于双语差异等，在

“英语优先”策略下，中心对齐标注也会遇到一些困难。

1. 并列关系的中心问题

并列关系的关系项一般地位平等，即都是中心项。然而，也存在并列关系项并不平等的情况。例如：

（33）我们必须不断完善社会主义市场经济体制，/充分发挥市场在资源配置中的基础性作用，激发经济的内在活力，@//[并列] **<u>同时</u>，科学运用宏观调控手段，促进经济长期平稳较快发展**。

We must constantly improve the socialist market economy, /and make full use of the basic role of the market in allocating resources to stimulate the internal vitality of the economy @ //[并列]**<u>while</u> using macro-control tools scientifically to promote long-term, steady and rapid economic development.**

英语“while”及相应汉语的“同时”都提示相关语段是并列关系，然而“while”引导的是分词状语结构，相比另一个主句结构的并列项，分词结构居于非中心地位。

一些特殊认定的并列关系也有类似情况，例如：

（34）中央财政科技投入 6197 亿元，@//[并列]**年均增长 22.7%**，@/[因果]取得了一系列重大成果。

The central government allocated 619.7 billion yuan for science and technology, @//[并列]**an average annual increase of 22.7%**, @/[因果]which resulted in a series of major achievements.

例（34）中的并列关系前后项具有明显的主次关系，“an average annual increase of 22.7%”只是一个名词性成分，结构上处于次要地位。

2. 结构形式不明显问题

由于中心的理解主观性，在缺少一定形式标志的时候，中心对齐就成为困难问题，可以通过两种策略加以解决。

第一，制定形式策略，保证中心判定的客观性。通常可用删除法测试。见例（35）。

删除法：关系中的中心项不可删除，非中心项可以删除。二者的区别在于非中心项删除后句子仍然保持原有连贯关系，而中心项对外具有代表性，删除后不能保持原有连贯关系。

（35）各少数民族聚居的地方实行区域自治，*//~~设立自治机关，*///行使自治权~~。*/*各民族自治地方都是中华人民共和国不可分离的部分。

第二，允许多个中心存在。当无法利用形式标志和既定策略判定中心项的时候允许多个中心存在。如例（35）第一层前后项均为中心。另外，并列结构一般是多中心结构。又如：

（36）过去五年，我们是一步一个脚印走过来的，@ /@[因果]中国人民有理由为此感到自豪！

We worked steadily and made solid progress, @/@[因果]and the Chinese people have every reason to take pride in this.

而对于句子间关系（句群关系），对于英语从形式上难于区分主次也是普遍的情况。对此，按照单语上的中心分析原则处理即可，即对于一个关系看哪个关系项可以代表所在整体与外界发生关系，便认定其为中心项。

值得指出，以上的一些难点问题，大多是单语篇章结构标注中就存在的问题。

3.2.5　尚不能对齐的一些情况

1. 无对应篇章单位

（37）与此同时，政府听到社会人士对外籍家庭佣工雇主缴付的雇员再培训征款（“外佣征款”）有不同意见。**我决定豁免缴付“外佣征款”的安排，**于今年7月31日届满后，*取消征收“外佣征款”，*减轻雇用外佣家庭的负担。

Meanwhile, the Government notes that there are different views in the community on the Employees Retraining Levy imposed on employers of foreign domestic helpers (FDHs). To ease the burden on families employing FDHs, I have decided to abolish the FDH levy when the suspension of its collection expires on 31 July 2013.（香港特区 2013 年梁振英施政报告①）

汉语“我决定豁免缴付‘外佣征款’的安排”，在英语中并无对应的篇章翻译单位。对于这种情况，不能进行双语对齐分析。由此，也不再对汉语进行此篇章单位的切分。这种情况主要是翻译者进行了一定语义整合，如例（37）中即整合了“我决定豁免缴付‘外佣征款’的安排”和随后的“取消征收‘外佣征款’”。

根据标注实践，无对应翻译单位的情况在公文、法律、新闻题材中都非常少，在一些文学翻译中略多，主要是因为采用了意译的方法。例如：

（38）这位老向导就住在西山脚下，/早年做过四十年的向导，//胡子都白了，///**还是腰板挺直，**硬朗得很。（《香山红叶》）

This old man happened to live right at the foot of the West Hill. / He had worked as a tourist guide for forty years //and although he had become a man bearing a white beard, /// he was still quite strong.

2. 无法进行结构对齐

首先，语序跨句调整导致无法进行结构对齐。

（39）在医保计划方面，我们已成立了工作小组和咨询小组，//A 负责就推行计划提出具体建议，B/包括研究提供合理而又必要的财务诱因或公帑资助，C///[例证]例如以税务减免方式鼓励市民购买医疗保险，D//[目的]**以配合推行计划** E。

① https://www.policyaddress.gov.hk/2013/ [2018-7-6]。以下注明为“香港特区 2013 年梁振英施政报告”，语料来源均同，不再说明。

A working group and a consultative group have been set up[1] //to make specific recommendations on the implementation of the Health Protection Scheme (HPS)[2]. /They are also studying the provision of reasonable and necessary financial incentives or public subsidies[3] ///[目的]**to facilitate implementation of the scheme,**[4] //[例证]such as tax breaks, to encourage people to purchase health insurance[5].

（40）除了将九龙东打造为低碳小区以外 [A]，我已责成……领导跨部门的督导委员会 [B]，/加强部门间的协调 [C]，议定具体实施策略及行动计划 [D]，并与业界和持份者紧密交流合作 [E]，**推动绿色建筑** [F]。

Apart from our plan to develop Kowloon East into a low-carbon community,[1] I have asked … to lead an inter-departmental steering committee[2] **to promote green building**[3]. /The committee will strengthen the co-ordination among departments[4] to formulate implementation strategies and action plans[5], while maintaining close dialogue and co-operation with the relevant sectors and stakeholders[6].（香港特区 2013 年梁振英施政报告）

例（39）中，汉语小句 E，对应英语小句 4，两者在双语中的语序和直接组合关系都有一定差异。英语中，小句 4 与 3 组合，构成目的关系，它们进而和 5 组合构成例证关系。但在相应汉语中，小句 CD 组合构成例证，进而 E 才能与 CD 组合构成目的关系。这样双语的分析才是合理的分析，但这样双语的结构就不能够对齐，这种不能对齐是由于双语中具有对译关系的单位有较大位置差异，由此相应篇章单位间的直接组合关系也有了一定差异。

例（40）中，汉语小句 F，对应英语小句 3，两个小句在双语中的语序和直接组合关系都发生了较大改变。而且，在英语中，小句 3 在第 1 个句子中，但在汉语中，相对应的 F 小句却在整个句子的末尾，而 F 小句之前的 C、D、E 相对应的英语小句 4、5、6 却在英语的第 2 个句子中，这样就很难进行二者间的双语结构对齐分析。

其次，结构融合导致无法进行结构对齐分析。

（41）计划可大幅减少整体汽车粒子排放物达八成，/氮氧化物排放也减少达三成。

The scheme will significantly reduce the overall emissions of particulates and nitrogen oxides by 80% and 30% respectively.（香港特区 2013 年梁振英施政报告）

例（41）中，汉语的并列结构，在英语中发生了融合性改变，导致不能切分出对应的篇章单位，进而也不能进行相应的结构对齐分析。

对于以上情况，目前采用的篇章结构机制还不能较好地进行结构对齐分析，这是因为现有的篇章结构分析机制主要适合描写连续的组合关系和语序差异不大的情况。要想解决这些问题，还需引入新的篇章结构描写机制及其对齐分析机制。不过，汉英篇章的整体语序差异不大，以上所分析的结构不能对齐的情况，在所分析的政府报告、法律、新闻文本中所占比例非常小，所以现有的篇章结构描写及对齐分析机制整体还是比较适合的。

3.2.6　结语

对齐标注是汉英篇章结构平行语料库的核心工作理念，“结构对齐，关系对齐”是对齐标注的基本原则，由于汉英双语差异及译者、标注者的主观性等，在切分对齐、结构对齐、关系对齐、中心对齐等工作上，都遇到了一定难题，系统总结和解决这些问题就成了保证汉英篇章结构语料库质量的关键性问题。本节基于标注实践系统总结了这些问题，并提出了针对性解决办法。目前笔者在对齐标注平台上手工标注了一定规模的汉英双语法律、公文、新闻及文学语料，并进行了对齐标注一致性（Consistency）和效率评估研究（4.2 节），工作实践表明，通过系统总结这些问题和提出相应策略可以提高标注质量和效率。

第 4 章

汉英篇章结构平行语料库的工程实现

4.1 汉英篇章结构平行语料库对齐标注平台①

为了获得高效、一致的标注，并方便进一步的语料应用，笔者开发了一个汉英篇章结构的辅助对齐标注平台。

4.1.1 标注平台界面及功能分区

标注平台工作界面见图 4-1。实现的功能包括双语导入、篇章单位切分、层次结构标注、连接词标注、关系标注、角色分布标注、中心标注。

图 4-1 汉英篇章结构平行语料库标注平台界面

① 该标注软件获得中国国家版权局软件著作权登记证书（登记号：2014SR171182）。

为了便于对结果进行直观对比，汉英双语的对齐标注均给出树图显示，见图 4-2 和图 4-3。从直观上看，双语篇章结构对齐所对应的树图结构完全一致。

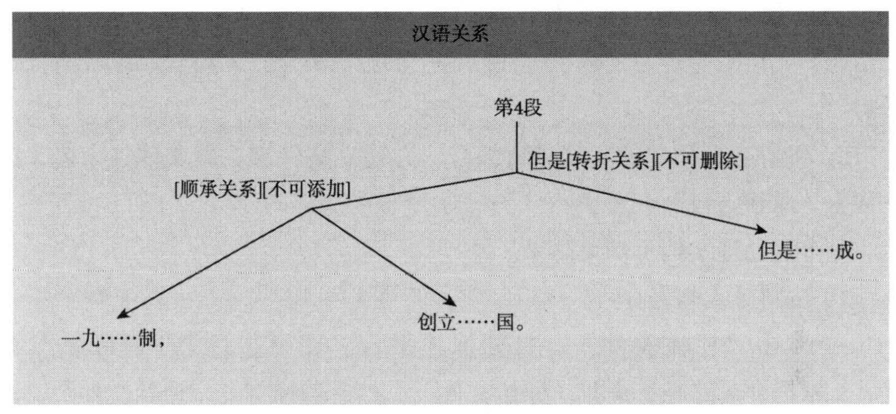

图 4-2　汉语篇章结构标注结果直观图式

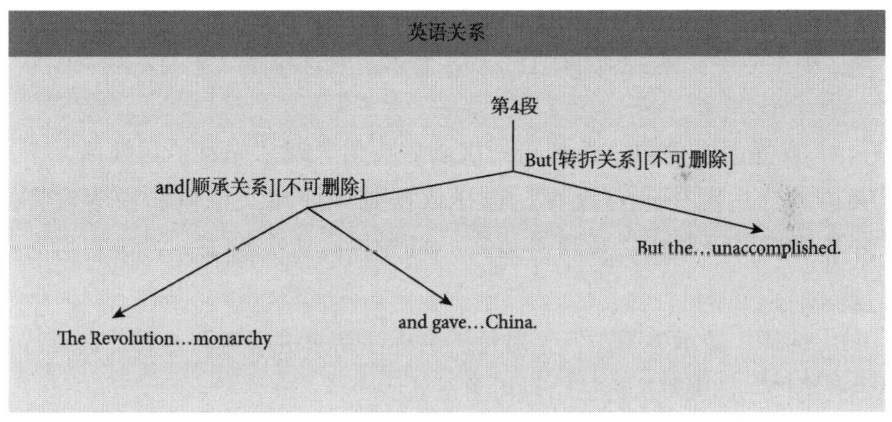

图 4-3　英语篇章结构标注结果直观图式

4.1.2　使用说明

1）语料预处理

A. 在 WORD 或 TXT 中建立汉英平行语料。汉英平行语料处理为段对齐，可汉语在前，英语在后，也可相反。预处理格式为汉英语段间空一行。各段前均删除空格，以保证后续的位置记录均从段首开始。

B. 太长的自然段可以根据需要按段意切分为两个或多个标记段落，在大规模语料中这种处理对双语篇章结构模式的影响微乎其微。

C. 一般 1 个 WORD 或 TXT 文档中的双语对齐段落不超过 10 个（可以自定义），这主要是为了减少标注软件中的翻页麻烦，对标注结果没有任何影响。

D. 将所有带标记的文档进行编号，并建立文件夹，给文件夹命名（以下称为“原始语料”）。

一个预处理文档示例见附录。

2）语料导入与保存

A. 双击“标注软件”，打开标注平台。在“主目录”中单击“浏览”，根据存放路径，查找“原始文件”，然后选择打开“原始文件”，选择载入具体待标注文档。

B. 在标注平台界面上，在“文件保存路径”中，单击“浏览”，自定义标注结果的保存位置与文件名（以下称为“标注结果”）。

3）标注设置

A. 在界面右上角，选择“先汉语后英语”或“先英语后汉语”，对汉英语的先后顺序进行设置。选择依据是预处理文档中的段落对齐方式。选择“汉语整体之后再英语”，可先标注所有汉语，再进行所有英语标注。

B. 选择“显示关系图”，对每次的标注结果进行树图查看。选择“不显示关系图”，则每次标注结果树图不显示。

4）标注操作

A. “新建关系”

在工作界面中，单击“新建关系”。此时，页面右侧待标文本呈现为黑体，可进行操作。

B. “单个关系/多个关系”

判断带标关系为单个关系还是多个关系。单个关系表示待标关系为 1 种关系种类（如“因果关系”），多个关系表示待标关系为 2 种及以上关系种类（如当前关系为“因果关系”“目的关系”）。本书中统一用了“1

种关系”。

C. 段落层次切分

对待标文本进行层次划分。单击待标文本语段中拟划分的位置，即可划分出切分标记（/），进行切分。在右侧选择“单个关系”或者“多个关系”进行设置。（选择“单个关系”后，在“切分类型”中单击“逐层切分”；选择“多个关系”后，在“切分类型”中选择“并列切分”。）在第 1 层的内部单击第 2 层待切位置，即可切分出第 2 层（显示为//），第 3、4 等层次类推，均只需单击。

D. “切分类型”：“逐层切分”或“并列切分”

“逐层切分”：就是逐层加深的切分，先第 1 层，然后第 2 层、第 3 层等。“并列切分”：在不同切分位置同时切分出多个并列切分项，其层次均相同。注意：这几个层次的关系必须是一致的，否则不能用并列切分。并列切分要先把同一层次关系中的第 1 个划分好（第 1 个切分用“逐层切分”切分出来），在第 1 个保存之前点“切分类型”中的“并列切分”，然后用鼠标单击所要标注同一关系类型的位置，再点击“保存”。

E. “关系类型”：“显式关系”或“隐式关系”

a.显式关系：在材料标注时，存在明显关联词的，当选择“关系类型”下的 “显式关系”时，可以看到只有“连接词”的位置可以操作，而“可否添加”和“语感的好差”位置都不能操作，呈灰色。显式关系的连接词的操作下设 3 个：选取连接词、选取复合连接词、删除连接词。

选取连接词：用鼠标选中文本中的关联词，然后单击“选取连接词”，即可显示到“连接词”后的空格处；

选取复合连接词：同时出现了表同一关系的配对关联词（如表因果关系的“因为……所以”）时，首先用“选取连接词”按钮选出第 1 个连接词（如“因为”），此时“连接词”空格处显示出第 1 个连接词。再用“选取复合连接词”选择第 2 个连接词（如“所以”），此时，“连接词”空格处显示出复合连接词（如“因为……所以”）。

删除连接词：选择出的连接词多余时，可选择“删除连接词”删除掉。

b.隐式关系：文本中待标记关系无连接词表示时，点击“隐式关系”，可以看到与“显式关系”不同的操作区域，两者正好相反。“隐式关系”下设的操作有：可添加、不可添加、语感好、语感差、连接词、选取连接词位置。

“可添加”与“不可添加”是结合语料分析及标注者语感看待标注关系是否可添加连接词。如果可添加，就用鼠标点击“可添加”，然后在“连接词”位置后的方框内输入需要添加的关联词，用鼠标在语料中选中需要添加连接词的位置，然后单击“选取连接词位置”（此功能可记录下某个线性位置可添加某连接词）；并且结合标注者语感选出所添加连接词是“语感好/语感差”。如果是连接词不可添加， 就单击“不可添加”，语感判断等均无须操作。

F.“关系”类型

关系类型有：因果关系、推断关系、假设关系、目的关系、条件关系、背景关系、转折关系、让步关系、并列关系、顺承关系、递进关系、选择关系、对比关系、解说关系、总分关系、例证关系、评价关系这 17 种。通过上下滑动来选择所需要的关系类型。

G. 小句角色常规

对于待标关系，选择 “子句角色符合常规”，符合就用鼠标单击小方框，打对钩；不符合则不选。

H. “中心句”

对于待标关系，“子句 1”表示前句，“子句 2”表示后句，各自前面都有个小方框。在对根据语料分析后的结果进行标注时，对句子中心问题可以根据结果来选择，操作方法就是用鼠标单击小方框。若前句是中心，则单击句子 1 前的小方框；若后面是中心，则单击句子 2 前的小方框；若两个都是中心，则都单击小方框。

I. “保存关系”/“取消”

单击“保存关系”，保存当前关系的标注结果。单击“取消”，取消当前关系的标注结果。

J. 关系修正

标注平台的左边方框内出现标注关系的信息列表。用鼠标单击，划分的层次关系会用不同颜色醒目地显示出来。（利于检查错误，若出现两种颜色分界的位置与你所划分的层次位置不一致时，及时纠正。用鼠标点击右上角的“显示关系图”时，相应标注的结果会在关系树中显示出来，便于直观、全面、有效地分析句子。）

“删除关系”：选择已标关系，单击可删除。只能由底层到高层逐渐删除，如只能在删除第 4 层关系后才能删除其父节点的第 3 层关系。

“修改关系”：选择已标关系，在需要修改的地方（如连接词、关系类型等）进行修改。

“保存修改”：单击“保存修改”即可保存结果。

K. 段落更换

当前对齐段落的标注完成之后，点击页面右下角的“下一段”就会出现新的一段，重复上面的操作步骤，进行标注即可。

4.1.3　操作规范

为了保证对齐标注，笔者制定了对齐标注操作流程规范，主要有：

第一，从汉到英，从英到汉，形式优先。从汉到英，指切分首先从汉语判定，以汉语为标准切分对齐，这主要与本书是“汉–英”方向的平行语料库有关。从英到汉，指层次结构、篇章关系、中心等由英语到汉语进行判定，这一方面与英语有较多的形式结构可把握有关，另一方面也与这首先是一项服务于机器翻译的工作有关。

第二，从上到下，从左至右，步步对齐。从上到下、从左至右，指标注中层次结构的划分遵循从上到下、从左至右的结构切分流程，并且要求汉英篇章结构平行分析，步步对齐。

4.1.4　保存结果

标注结果保存为 XML 格式，双语标注结果各自独立保存。汉英双语的对齐关系可通过段落号（P ID）和段内关系号（R ID）体现。例（1）的对齐标注保存结果见图 4-4。

（1）各位代表：现在，我代表国务院，///向大会作政府工作报告，//请

予审议，/并请全国政协各位委员提出意见。(《中国政府工作报告》，2014 年)

Fellow Deputies, On behalf of the State Council,///I now present to you the report on the work of the government//for your deliberation,/and I welcome comments on my report from the members of the National Committee of the Chinese People's Political Consultative Conference (CPPCC).

汉语标注结果（限于篇幅仅给出第一层的关系，英语同）：

<P ID="1"> <R ID="1" StructureType="逐层切分" ConnectiveType="显式关系" Layer="1" RelationNumber="单个关系" Connective="并" RelationType="并列关系" ConnectivePosition="32…32" ConnectiveAttribute=" 可删除 " RoleLocation="normal" LanguageSense="true" Sentence="各位代表：……请予审议 ，/ 并请……提出意见。 " SentencePosition="1…31/32…46" Center="3" ChildList="2" ParentId="–1" UseTime="39"/>

……………………………………………………………………………………

英语标注结果：

<P ID="1"> <R ID="1" StructureType=" 逐层切分 " ConnectiveType="显式关系" Layer="1" RelationNumber="单个关系" Connective="and" RelationType="并列关系" ConnectivePosition="133…135" ConnectiveAttribute="不可删除" RoleLocation="normal" LanguageSense="true" Sentence="Fellow Deputies,On behalf of the State Council, … for your deliberation,/and I welcome comments…Chinese People's Political Consultative Conference (CPPCC). " SentencePosition="1…132/133…277" Center="3" ChildList="2" ParentId="–1" UseTime="37"/>

图 4-4 例（1）的汉英篇章结构对齐标注部分保存结果

4.2 汉语篇章结构平行语料库的对齐标注评估[①]

对于大规模标注语料库，标注一致性是衡量其标注质量的重要标准，也是衡量标注模式可行性的关键标准。不同理论下的篇章结构语料库具体一致

① 本节主要内容在《中文信息学报》2017（3）发表，见冯文贺等（2017）。

性评估内容有所差异，如针对修辞结构和宾州篇章树库模式的评估（Carlson et al.，2003；Marcu et al.，1999；Zhou and Xue，2012）。由于这些语料库均为单语，还不涉及双语结构对齐标注的评估，因此，对于 CEDT 的对齐标注评估，既要考虑篇章结构理论基础的独特性，又要考虑双语结构对齐的独特性。

4.2.1　实验设置

1. 实验语料

标注实验的语料为 2014 年《中国政府工作报告》（汉英双语）的前半部分，共 16 000 多个字/词。对于该语料，标注者 A 标注有效标注段落 156 个，共 1136 个子句，816 个关系；标注者 B 标注有效标注段落 156 个，共 1163 个子句，819 个关系。

语料选择的主要考虑在于：第一，政府公文及其英译严谨规范，相对可以较好实现篇章结构的对齐标注；第二，语段的长度和深度具有代表性，包含 7 个左右子句，结构深度在 3—4 层，比较符合一般的段落长度和深度。

2. 标注训练

两名中文系大四学生在项目导师指导下进行了标注训练。标注训练主要由三个阶段构成：第一阶段，导师示范标注，并讲解主要标注策略及标注规范与标注平台操作；第二阶段，学生各自完成一定段落的标注，并与导师讨论存在问题及校正、标注策略方法等，训练至导师认为可以独立工作为止；第三阶段，在此基础上，两名学生各自进行了实验语料的标注。

3. 评估任务

这里对两名标注者 A 和 B 的共同标注语料进行标注一致性分析。根据 CEDT 的篇章结构模式和对齐标注任务，主要对双语的切分、结构、关系、连接词、关系角色、中心等对齐标注项目进行评估。在每一个评估项目上，均考虑两名标注者的汉语标注一致性、英语标注一致性、汉英混合标注一致性、汉英对齐标注一致性四个方面：

（1）汉语标注一致性：计算两名标注者对相同汉语文本标注的一致性。

（2）英语标注一致性：计算两名标注者对相同英语文本标注的一致性。

（3）汉英混合标注一致性：计算两名标注者对所有汉语、英语文本标注的一致性。

（4）汉英对齐标注一致性：计算两名标注者对相同文本的汉语标注一致且相应英语对齐文本标注也一致的一致性。

一致性评估主要计算标注一致率，主要考察两名标注者标注的一致内容与所有标注内容之比，一致率=A∩B/A∪B。对于不同的对齐标注任务，其计算内容根据具体情况有所不同。另外，也对标注效率进行了评估。

4.2.2 切分对齐标注评估

1. 评估方法

切分对齐即基本篇章单位（小句）对齐。评估方法有两种：

切分对齐 I：计算所有可能切分的标注一致性。汉语小句的切分位置均有标点标记，对可能作为切分标记的标点（“，”“；”“：”“。”）进行切分与否的一致性计算。英语的小句切分并不一定以标点作为标记切分，形式上空格（实质是任意单词或标点）均可作切分标记，对任一空格可否作为切分标记进行一致性计算。

切分对齐 II：计算不同标注者所有切分（A∪B）中共同切分（A∩B）的一致性。对句子位置 SentencePosition="$X_1\cdots X_2/Y_1\cdots Y_2$"计算 A、B 标注切分位置相同的情况。相比 I，这种方法评估更准确，并可统一汉语和英语的切分评估标准。

2. 结果与分析

表 4-1 给出了两种切分对齐评估方式的结果。结果显示，切分对齐表

现出较好的一致性，“汉语一致”可达 0.971（共有需要判断的标点位置700 个，AB 均判断切分 395 个，均不切分 285 个，A 切分 B 不切分 7 个，A 不切分 B 切分 13 个）/0.968（AB 共切分 408 个标点，AB 均切分 395 个），“英语一致”可达 0.992（英语共有需要判断位置 6974 个，AB 均切分 514 个，AB 均不切分 6403 个，A 切分 B 不切分 22 个，A 不切分 B 切分 35 个）/0.936（AB 共切分位置 549 个，AB 均切分 514 个），最严格情况下（“汉英对齐一致”）“切分对齐 II”也可达到 0.909 的一致率。然而，“汉英对齐一致”还有待进一步提高，相比“汉语一致”（0.968）还有一定提高空间。汉英对齐一致切分制约着各项对齐工作的性能，其进一步提高具有重要性和必要性。

表 4-1 汉英篇章结构的切分对齐标注一致率

对齐内容	汉语一致	英语一致	汉英混合一致	汉英对齐一致
切分对齐 I	0.971	0.992	0.990	—
切分对齐 II	0.968	0.936	0.950	0.909

值得注意，在“切分对齐 I”下，“英语一致”好于“汉语一致”（0.992>0.971），而在“切分对齐 II”下，“汉语一致”好于“英语一致”（0.968>0.936），这是因为在 I 中汉英一致性计算的基数不一致，汉语仅计算有限标点符号，而英语却计算任一空格，由于空格不切分的情况较多且容易判断，这就使得英语的切分一致性表现得好于汉语。

然而，实际情况是汉语的对齐切分好于英语。这一结果可以在“切分对齐 II”下得到显示（0.968>0.936），此时双语均采用同样的对齐评估标准。汉语切分对齐好于英语，是因为汉语切分有标点作标记，相对容易；而英语切分并不以标点为标记，具体切分位置容易判断错误。所以，相比“切分对齐 I”，“切分对齐 II”可以更准确地反映双语对齐效果差异。

可从两方面改善切分对齐标注：第一，注意英语切分对齐标注的位置精准性。第二，进一步在汉语指导下，实现英语切分对齐，并从根本上提高汉英切分对齐一致的性能。

4.2.3 结构对齐标注评估

1. 评估方法

对于结构对齐，本节采用 3 种方法进行评估。

篇章单位对齐：计算不同标注者所标注语料中所有篇章单位的一致性。即对于一个标注切分 SentencePosition="*X*1…*X*2|*Y*1…*Y*2"，计算不同标注者的所有标注切分中，任意一个切分块“*X*1…*X*2”或“*Y*1…*Y*2”之间的一致性。这种算法的依据在于，不同层级上的篇章单位首尾跨度不同，所以篇章单位的跨度一致性一定程度上可以反映篇章结构对齐。

论元部分对齐：对于一个相同的切分位置，计算不同标注者对于该切分的左论元或右论元的一致性。即对于一个标注切分 SentencePosition="*X*1…*X*2|*Y*1…*Y*2"，计算 *A*="*X*1…*X*2 "=*B*，或 *A*="*Y*1…*Y*2"=*B*。与篇章单位对齐不同之处在于，这种对齐基于一个共同切分位置（*X*2|*Y*1），比对对象要求同时是该切分的左论元（"*X*1…*X*2"）或右论元（"*Y*1…*Y*2"）。相对于篇章单位对齐，论元部分对齐要求严格一些。

论元完全对齐：对于一个相同的切分位置，计算不同标注者对于该切分的左论元和右论元的一致性。相比论元部分对齐，这种对齐要求同一个切分位置（*X*2|*Y*1）的左论元（*X*1…*X*2）和右论元（*Y*1…*Y*2）完全一致。对于一个切分或一个关系来说，这种对齐是完全对齐。

2. 结果与分析

表 4-2 给出 3 种结构对齐评估方式的评估结果。

表 4-2　汉英篇章结构的层次结构对齐标注一致率

对齐内容	汉语一致	英语一致	汉英混合一致	汉英对齐一致
篇章单位对齐	0.843	0.795	0.819	0.824
论元部分对齐	0.928	0.881	0.904	0.850
论元完全对齐	0.709	0.630	0.669	0.636

结果显示：

（1）“篇章单位对齐”一致率整体基本达到 0.800 以上，由于篇章单位有大有小，处于不同层级，这一效果显示汉英篇章结构对齐呈现良好一致性。

（2）在引入切分位置对齐的情况下，“论元部分对齐”达到更好效果，整体平均约 0.900（汉语共标注关系 594 个，论元部分对齐 551 个；英语标注关系 605 个，论元部分对齐 533 个），说明切分位置的准确把握，对于结构对齐是非常有帮助的。

（3）相比“论元部分对齐”，“论元完全对齐”的效果基本可以，汉语共标注关系 594 个，论元完全对齐 421 个；英语标注关系 605 个，论元部分对齐 381 个，整体在 0.630—0.709，但还不尽如人意。这说明，对每个切分或关系的管辖范围的确定还不够精准。其原因与结构理解歧义等有关。如例（2）的 a、b 两个标注，切分虽然完全一致，但由于英语的状语管辖（“On behalf of the State Council——我代表国务院”）有歧义，a、b 的“论元完全对齐”（结构层次）毫不一致。

（2）a. 现在，我代表国务院，///向大会作政府工作报告，//请予审议，/并请全国政协各位委员提出意见。（《中国政府工作报告》，2014 年）

On behalf of the State Council,/// I now present to you the report on the work of the government//for your deliberation,/and I welcome comments on my report from the members of the National Committee of the Chinese People's Political Consultative Conference (CPPCC).（《中国政府工作报告》英译，2014 年）

b. 现在，我代表国务院，/向大会作政府工作报告，///请予审议，//并请全国政协各位委员提出意见。（《中国政府工作报告》，2014 年）

On behalf of the State Council,/I now present to you the report on the work of the government///for your deliberation,//and I welcome comments on my report from the members of the National Committee of the Chinese People's Political Consultative Conference (CPPCC).（《中

国政府工作报告》英译，2014 年）

（4）各种对齐的“英语一致”整体低于“汉语一致”，原因在于汉语切分有标点符号作标记，较易统一，而英语不以标点符号作标记，准确切分位置难于确定，导致错误和不一致。

由于结构对齐制约了进一步的关系、连接词、中心等对齐标注，还需提高结构对齐，特别是论元完全对齐的水平。可从两方面改进结构对齐标注：第一，针对英语，提高精确结构切分水平；第二，进一步提高切分点的对齐水平，从而以对齐切分点为基础明确论元管辖。

以上评估中，没有考虑句群结构和复句结构的不同，但其结构分析难度、对齐标注水平及其对翻译的指导意义不同，一般来说复句结构的分析与对齐标注难度大，但对于翻译的指导意义更大。笔者在进一步的评估研究中，将考虑对句群结构和复句结构赋予不同权重。

4.2.4 关系对齐标注评估

1. 评估方法

由于关系对齐总是基于特定的结构对齐，关系对齐在结构对齐基础上进行一致性计算。即在论元完全对齐的情况下，比对不同标注者关系类型（RelationType①）标注的一致情况。

2. 结果与分析

表 4-3 给出了关系对齐的评估结果。结果显示，在结构对齐的基础上，关系对齐标注整体达到较高的一致率，其中最严格的“汉英对齐一致”可达 0.835（汉英 AB 结构位置都相同的有 802 个，其中关系相同的有 670 个）。同时显示，“汉语一致”和“英语一致”的对齐情况接近（0.872

① 设置并列、顺承、选择、递进、对比、因果、假设、条件、目的、推断、背景、转折、让步、解说、总分、例证、评价共 17 个类，本语料涉及较多的类别主要有：并列、解说、目的、因果、条件、评价等。

/0.860），一般而言，英语关系形式标记多（连接词多），关系易于判断，对齐策略采用了以英语为指导标准的关系对齐，对齐结果显示这种策略是非常有效的。

表 4-3　汉英篇章结构的关系对齐标注一致率

对齐内容	汉语一致	英语一致	汉英混合一致	汉英对齐一致
关系对齐	0.872	0.860	0.865	0.835

但关系对齐还有一定提高空间，其关键在于进一步改善英语关系的判定，这一方面由关系对齐标注策略决定，另一方面是因为对齐结果显示，“英语一致”还略逊于“汉语一致”（0.860<0.872），说明英语的关系判定还有一些难点。根据语料分析，其难点在无关系词、关系词一词多义、主从复句和句内关系（汉语篇章结构对应英语句法结构）等情况上，有关分析见 3.2 节。

以上仅评估了论元完全对齐下的关系对齐，还有待引入论元部分对齐下的关系对齐评估，其有助于更全面、客观地认识关系对齐标注。各种关系类型对齐一致率也有一定差异，其评估有利于针对性改善某些关系的对齐标注效果，这将在进一步工作中加以研究。

4.2.5　连接词对齐标注评估

1. 评估方法

由于连接词总是有一定的管辖范围，对连接词对齐标注的评估在结构对齐（论元完全对齐）的基础上进行。对连接词对齐标注从 3 方面评估：

显隐对齐：在同一结构下，对连接词显式（有连接词）、隐式（无连接词）的标注一致性进行计算。即标注语料中结构完全一致情况下，显隐判断（即 ConnectiveType 取值）的一致性。

显式连接词对齐：在同一结构下，对显式连接词的标注一致性进行计算。即对标注语料中结构完全一致且是显式关系连接词的具体取值进行比对计算。

全部连接词对齐：对于同一结构关系，对连接词的具体取值进行比对计算。

2. 结果与分析

表 4-4 给出了连接词对齐的评估结果。结果显示，对于连接词对齐，"英语一致"明显高于"汉语一致"，特别表现在"连接词对齐（显式）"上［0.950 > 0.400（英语结构位置相同的显式连接词位置有 201 个，其中连接词相同的有 191 个；汉语结构位置相同的显式连接词位置有 32 个，其中连接词相同的有 13 个）］和"连接词对齐（全部）"上［0.690>0.278（英语结构位置相同的连接词位置有 381 个，其中连接词相同的有 263 个；汉语结构位置相同的连接词位置有 421 个，其中连接词相同的有 117 个）］。这一结果不难理解，英语显式连接词多，且对于显式连接词有比较共性的认识；汉语显式连接词少，并且对于连接词的认识分歧还较大［如例（3）中，B 认为"比"可作为"并列关系"连接词，而 A 则不这样认为］。对英语连接词较统一的认识，也进一步证明了在关系对齐时以英语为指导性标准的可靠性。

表 4-4　汉英篇章结构的连接词对齐标注一致率

对齐内容	汉语一致	英语一致	汉英混合一致	汉英对齐一致
显隐对齐	0.962	0.987	0.974	0.933
连接词对齐（显式）	0.400	0.950	0.876	0.389
连接词对齐（全部）	0.278	0.690	0.474	0.205

表 4-4 又显示，"连接词对齐（全部）"整体上低于"连接词对齐（显式）"，这是因为为隐式连接词添加了可以表达该结构关系的连接词（汉语可添加的连接词的情况较多），由于表达同一结构关系的连接词可能有多个，比如表达"并列关系"的有"并且、同时"等，这就使得对齐较难统一[见例（3）中，A、B 为隐式"并列关系"添加的连接词]。这事实上是对语义—形式这一语言复杂对应关系的反映。

（3）A.　经济运行稳中向好。/国内生产总值达到 56.9 万亿元，///[并列]（同时）比上年增长 7.7%。//[并列]（同时）居民消费价格涨幅控制在 2.6%。//[并列]（同时）城镇登记失业率 4.1%。///[并列]（同时）

城镇新增就业 1310 万人，///创历史新高。//[并列]（同时）进出口总额突破 4 万亿美元，///再上新台阶。

B. 经济运行稳中向好。/国内生产总值达到 56.9 万亿元，///[并列] 比上年增长 7.7%。//[并列]（同时）居民消费价格涨幅控制在 2.6%。//[并列]（同时）城镇登记失业率 4.1%。///[并列]（并且）城镇新增就业 1310 万人，///创历史新高。//[并列]（同时）进出口总额突破 4 万亿美元，///再上新台阶。

可从两方面改进连接词对齐标注：第一，进一步明确汉语连接词的定义，从而增强汉语显式连接词的对齐标注效果。第二，规范隐式连接词的添加，减少隐式连接词添加的分歧。

4.2.6　关系角色与中心的对齐标注评估

1. 评估方法

由于关系角色和中心总是相对于一定的结构关系而言的，对关系角色和中心的对齐标注的评估在结构对齐（论元完全对齐）的基础上进行。具体评估方法为：

关系角色对齐：对于相同的结构（论元完全对齐），计算不同标注者对于其关系角色的常规分布位置的标注一致性。对于标注语料，即在结构一致情况下，计算其角色分布取值（RoleLocation 有“符合常规 normal”和“不合常规 abnormal”两个取值）的一致性。

关系中心对齐：对于相同的结构（论元完全对齐），计算不同标注者对其关系中心分布位置的标注一致性。对于标注语料，即在结构一致情况下，计算其中心取值（Center 有 3 个取值：中心在前；中心在后；前后均为中心）的一致性。

2. 结果与分析

表 4-5 给出了关系角色与中心对齐的评估结果。

表 4-5 汉英篇章结构的关系角色与中心对齐标注一致率

对齐内容	汉语一致	英语一致	汉英混合一致	汉英对齐一致
关系角色对齐	0.957	0.966	0.961	0.903
关系中心对齐	0.843	0.843	0.843	0.818

表 4-5 表明，关系角色对齐“混合一致”“汉语一致”和“英语一致”率分别为 0.961、0.957 和 0.966，其中，汉英 AB 结构位置相同 802 个，角色相同 771 个；汉语结构位置相同 421 个，角色相同 403 个；英语结构位置相同 381 个，角色相同 368 个。

关系中心对齐“混合一致”“汉语一致”“英语一致”均接近 85%。其中，汉英结构位置相同 802 个，中心相同 676 个；汉语结构位置相同 421 个，中心相同 355 个；英语结构位置相同 381 个，中心相同 321 个。

表 4-5 显示，汉语和英语的“关系角色对齐”“关系中心对齐”标注一致率整体较高。同时呈现两个特点：第一，两种对齐水平基本相同，表现出语言平衡性；第二，两种对齐一致率有差异，“关系角色对齐”高于“关系中心对齐”。

这两个特点的原因在于：第一，这两项对齐工作均采用同步对齐标注的策略，即对于同一个关系项一般总是同时应用于汉英双语标注，所以表现出双语对齐标注一致的平衡性。其中，“关系中心对齐”在汉语上表现出较高一致率，这对于缺乏主从等形式表现的语言是很不错的结果，再次证明以英语为指导对齐标注汉语中心的可靠性。

第二，两项对齐工作采用了不同的对齐标注指导标准，“关系角色对齐”以汉语的角色分布常规为标准，标准明显稳定，易于把握；而“关系中心对齐”主要以英语的主从句等形式为指导标准，对于没有显性形式的情况则难以把握。由此，两种对齐工作的效果呈现差异。

改善中心对齐的关键在于，对于英语没有形式标记的情况，提出明确的中心判定标准。

4.2.7 标注效率评估

根据标注语料的时间属性取值（UseTime，单位为秒），计算了每一个关系标注的耗费时间（秒/关系）。每一个关系标注，包含该关系的切分、结构、关系、连接词、角色、中心等全部标注。表 4-6 中，“汉语关系”计算只考虑汉语关系标注时所用的时间；“英语关系”计算只考虑英语关系标注时所用时间；“汉英混合关系”对全部汉英关系标注所用时间进行计算；“汉英对齐关系”计算对于同一个关系，标注完汉语和所对齐的英语所用的时间。

表 4-6　汉英篇章结构标注耗时分析（秒/关系）

耗时	汉语关系	英语关系	汉英混合关系	汉英对齐关系
平均耗时	37	23	30	60
最高耗时	361	137	361	413
最低耗时	8	4	4	12

表 4-6 显示，汉英篇章结构关系标注的效率较高，一个关系的标注平均时间为 30 秒，一对“汉英对齐关系”标注平均耗时 60 秒。相比汉语，英语的标注效率更高（23<37；137<361；4<8）。这一方面与英语有较多形式标记容易判断有关；另一方面可能也与理解和标注策略有关，标注者的母语是汉语，总是倾向于从汉语理解入手，初步理解后才进行英语分析及对齐标注。

4.2.8　评估平台

为方便及时评估标注一致性，笔者开发了评估平台，对于重要标注信息可以及时评价其一致性。导入标注文本，选择评估类型，即可给出评估结果。评估平台如图 4-5 所示。

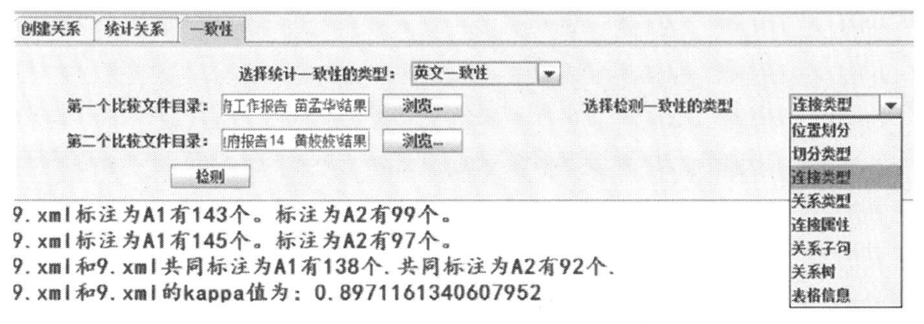

图 4-5　评估平台工作界面

4.2.9 结语

汉英篇章结构平行语料库对基于篇章结构的机器翻译研究等起基础性作用，其研制具有重要理论和实践意义。结构对齐是汉英篇章结构平行语料库的核心工作机制，在“结构对齐、关系对齐”的标注策略指导下，进行了汉英篇章结构的对齐标注实验，提出了对齐标注的评估方法，并进行了实验结果分析。实验结果表明，汉英篇章结构的对齐标注在各个标注任务层面均取得较好的一致率，具有可行性和可信性，也取得了较好的标注效率。

下一步将对本书所发现的一些对齐标注问题进行针对性研究，以改善对齐标注效果，还将改良评估方法，从而为最终提供良好质量的汉英篇章结构平行语料库打下稳固的基础。

第 5 章

汉英篇章结构平行语料库的数据统计

5.1 语料说明

由于最终所建的将是一个规模宏大、涵盖多题材、多领域，且包含汉英、英汉两种翻译方向语料的汉英篇章结构语料库，工程巨大，且历时较久，目前该语料库仍在建设中。

根据工作的需要，本章所汇报的数据仅是语料库的其中一部分，主要涵盖新闻和政府公文两种文体。

新闻语料：来自宾州汉语树库（Xue，2005）及其英译，本章标注数据是其中前 200 篇中随机选择的 100 篇。

公文语料：中国政府工作报告（2012、2014）、十八大报告（2012）、《中共中央关于全面深化改革若干问题的决定》（2013）及其英译，共 133 995 字/词。

本章主要汇报统计数据，个别涉及一些语言对比方面的说明，深入的统计语言对比研究还有待进一步开展。

5.2 篇章关系与连接词

5.2.1 篇章关系的显隐分布

表 5-1 给出两种文体中汉英篇章关系的显隐分布情况。

表 5-1　篇章关系的显隐分布

显隐	新闻				公文			
	汉语		英语		汉语		英语	
	频次	比例/%	频次	比例/%	频次	比例/%	频次	比例/%
显式	242	16.14	462	30.97	88	3.48	1409	55.87
隐式	1257	83.86	1030	69.03	2440	96.52	1113	44.13
合计	1499	100.00	1492	100.00	2528	100.00	2522	100.00

表 5-1 显示：

（1）汉语的显式远低于英语：16.14% < 30.97%（新闻）；3.48% < 55.87%（公文）。

（2）文体不同，汉英两种语言篇章显隐的运用倾向不同：

汉语正式语体（公文）较通俗语体（新闻）更少用显式：3.48% < 16.14%。

英语正式语体（公文）较通俗语体（新闻）更多用显式：55.87% > 30.97%。

这一差异似乎意味着，连接词在英汉两种语言中的语体风格不同：在汉语中，少用连接词意味着更简洁、更典雅；而在英语中，多用连接词意味着更严谨、更典雅。

5.2.2　篇章关系的类型分布

表 5-2 给出两种文体中汉英篇章关系类型的分布情况。从个别类型的数据和总体数据看出，除个别不能对齐及误差外，语料标注中整体实现了汉英两种语言的关系对齐标注，这是进行汉英两种语言篇章结构比较的基础。

表 5-2　篇章关系的类型分布

关系类型	新闻				公文			
	汉语		英语		汉语		英语	
	频次	比例/%	频次	比例/%	频次	比例/%	频次	比例/%
背景	25	1.67	26	1.74	13	0.51	13	0.52
并列	939	62.64	940	63.00	1710	67.64	1710	67.80

续表

关系类型	新闻				公文			
	汉语		英语		汉语		英语	
	频次	比例/%	频次	比例/%	频次	比例/%	频次	比例/%
递进	17	1.13	17	1.14	5	0.20	5	0.20
对比	8	0.53	8	0.54	0	0	0	0
假设	10	0.67	10	0.67	1	0.04	0	0
解说	54	3.60	53	3.55	284	11.23	282	11.18
例证	87	5.80	87	5.83	10	0.40	11	0.44
目的	77	5.14	75	5.03	202	7.99	202	8.01
评价	33	2.20	31	2.08	24	0.95	23	0.91
让步	5	0.33	5	0.34	2	0.08	0	0
顺承	30	2.00	29	1.94	7	0.28	6	0.24
条件	7	0.47	7	0.47	76	3.01	76	3.01
推断	3	0.20	3	0.20	2	0.08	2	0.08
选择	1	0.07	1	0.07	0	0	0	0
因果	108	7.20	107	7.17	159	6.29	159	6.30
转折	30	2.00	29	1.94	12	0.47	12	0.48
总分	65	4.34	64	4.29	21	0.83	21	0.83
合计	1499	100.00	1492	100.00	2528	100.00	2522	100.00

5.2.3　篇章关系显隐与篇章关系类型

汉英篇章的显隐在不同类型有所差异，见表 5-3。

表 5-3　篇章关系类型的显隐分布

汉英差异	关系	新闻						公文					
		汉语			英语			汉语			英语		
		显式	隐式	合计	显式	隐式	合计	显式	隐式	合计	显式	隐式	合计
汉英差异较小（8 种）	背景	1	24	25	1	25	26	0	13	13	1	12	13
	递进	11	6	17	11	6	17	2	3	5	3	2	5
	对比	3	5	8	3	5	8	0	0	0	0	0	0
	解说	0	54	54	0	53	53	0	284	284	3	279	282

续表

汉英差异	关系	新闻						公文					
		汉语			英语			汉语			英语		
		显式	隐式	合计	显式	隐式	合计	显式	隐式	合计	显式	隐式	合计
汉英差异较小（8种）	例证	1	86	87	1	86	87	1	9	10	0	11	11
	评价	0	33	33	0	31	31	2	22	24	0	23	23
	推断	0	3	3	0	3	3	1	1	2	1	1	2
	选择	1	0	1	1	0	1	0	0	0	0	0	0
汉英差异较大（9种）	并列	104	835	939	312	628	940	25	1685	1710	1103	607	1710
	假设	4	6	10	0	10	10	0	1	1	0	0	0
	目的	28	49	77	51	24	75	19	183	202	185	17	202
	让步	4	1	5	1	4	5	0	2	2	0	0	0
	顺承	0	30	30	5	24	29	0	7	7	6	0	6
	条件	1	6	7	0	7	7	23	53	76	48	28	76
	因果	13	95	108	12	95	107	0	159	159	41	118	159
	转折	21	9	30	22	7	29	6	6	12	12	0	12
	总分	50	15	65	42	22	64	9	12	21	6	15	21
合计		242	1257	1499	462	1030	1492	88	2440	2528	1409	1113	2522

汉英差异较小：某一篇章的显隐比例在汉英两种语言上（两种文体）相差较小（一般小于 10.00%[①]），则认为该显隐表现汉英差异较小。

汉英差异较大：某一篇章的显隐比例在汉英两种语言上（任一文体）相差较大（一般大于 10.00%），则认为该显隐表现汉英差异较大。

篇章的显隐汉英差异较小的类型有 8 种，差异较大的有 9 种。整体数量上，差异较大的也远多于差异较小的。

以下重点说明汉英差异较大的篇章。

1）并列关系：并列数量占总量的 2/3，并列显隐的汉英差异基本代表了篇章显隐的汉英整体差异。

a. 并列的显式比例上，汉语低于英语：104/939 < 312/940（新闻）；25/1710 < 1103/1710（公文）。

① 个别是由于数据太少（5 个或以下），如果汉英绝对数据相差 1—2，也认定为相差较小。

b. 文体不同，汉英两种语言篇章显隐的运用倾向不同：

汉语正式语体（公文）较通俗语体（新闻）更少用显式：25/1710 < 104/939。

英语正式语体（公文）较通俗语体（新闻）更多用显式：1103/1710 > 312/940。

这说明，并列显隐的汉英差异一定程度上决定或代表了篇章显隐的汉英差异的整体面貌。

2）假设关系：汉语显式的比例高于英语：4/10 > 0/10（新闻）。

3）目的关系：

a. 汉语显少隐多：28/77 < 49/77（新闻），19/202 < 183/202（公文）；而英语显多隐少：51/75 > 24/75（新闻），185/202 > 17/202（公文）。

b. 汉英显隐有语体差异：

汉语正式语体（公文）较通俗语体（新闻）更少用显式：19/202 < 28/77。

英语正式语体（公文）较通俗语体（新闻）更多用显式：185/202 > 51/75。

4）让步关系：

汉语显多隐少：4/5 > 1/5（新闻）。

而英语显少隐多：1/5 < 4/5（新闻）。

5）顺承关系：

汉语基本不用显式：0/30（新闻），0/7（公文）。

英语则较多使用显式，且正式文体（公文）完全使用显式：5/29(新闻），6/6（公文）。

6）条件关系：

在公文语体中，汉英显隐差异较大。

汉语显少隐多：23/76 < 53/76。英语显多隐少：48/76 > 28/76。

汉语和英语对语体的反映同中有异。

二者公文语体均较新闻语体大幅增加了显式的使用：23/76 > 1/7（汉语），48/76 > 0/7（英语）。

但英语的增加幅度大于汉语：（48/76–0/7）>（23/76–1/7）。

7）因果关系：在公文语体中，汉英显隐差异较大。

汉语不用显式（0/159），而英语则有约 1/4 的显式(41/159)。

8）转折关系：在公文语体中，汉英显隐差异较大。

汉语显隐各占一半（6/12 vs. 6/12），英语则全部用显式（12/12）。

汉语和英语的语体反映也有所不同：

汉语的公文语体较新闻语体减少显式的使用：6/12 < 21/30。

英语的公文语体则较新闻语体增加显式的使用：12/12 > 22/29。

9）总分关系：

汉语使用显式的比例大于英语：50/65 > 42/64（新闻），9/21 > 6/21（公文）。

汉语和英语的公文语体均较新闻语体减少了显式的使用：

汉语：9/21 < 50/65。英语：6/21 < 42/64。

5.2.4 篇章关系显隐与结构层级

表 5-4 和表 5-5 给出了两类文体中，汉英篇章关系显隐与结构层级的交叉分布情况。

表 5-4 篇章关系显隐与结构层级（新闻）

层级	新闻									
	汉语					英语				
	显式关系		隐式关系		合计	显式关系		隐式关系		合计
	频次	比例/%	频次	比例/%	频次	频次	比例/%	频次	比例/%	频次
1	56	11.81	418	88.19	474	80	16.91	393	83.09	473
2	92	18.07	417	81.93	509	186	36.54	323	63.46	509
3	69	20.18	273	79.82	342	131	39.10	204	60.90	335
4	20	13.89	124	86.11	144	52	35.62	94	64.38	146
5	4	14.81	23	85.19	27	12	44.44	15	55.56	27
6	1	33.33	2	66.67	3	1	50.00	1	50.00	2
合计	242	16.14	1257	83.86	1499	462	30.97	1030	69.03	1492

表 5-5 篇章关系显隐与结构层级(公文)

层级	公文									
	汉语					英语				
	显式关系		隐式关系		合计	显式关系		隐式关系		合计
	频次	比例/%	频次	比例/%	频次	频次	比例/%	频次	比例/%	频次
1	9	2.00	441	98.00	450	39	8.67	411	91.33	450
2	17	2.66	622	97.34	639	303	47.27	338	52.73	641
3	25	3.17	763	96.83	788	563	71.90	220	28.10	783
4	27	6.11	415	93.89	442	341	77.50	99	22.50	440
5	9	5.29	161	94.71	170	137	80.59	33	19.41	170
6	0	0	30	100.00	30	19	65.52	10	34.48	29
7	0	0	8	100.00	8	6	75.00	2	25.00	8
8	1	100.00	0	0	1	1	100.00	0	0	1
合计	88	3.48	2440	96.52	2528	1409	55.87	1113	44.13	2522

5.2.5 显式连接词

显式连接词说明:

(1)英语的同一连接词,如果区分大小写按不同连接词对待,主要考虑首字母大写的连接词用在句子开头位置上,而首字母小写的连接词用在小句开头位置上,相关的连接词主要见表 5-6。

表 5-6 同形连接词

连接词	频次	连接词	频次	连接词	频次
and	650	moreover	1	while	7
And	2	Moreover	5	While	2
as	1	of this amount	1	with	11
As	4	Of this amount	1	With	2
at the same time	1	therefore	1		
At the same time	16	Therefore	2		
but	12	to	130		
But	4	To	26		
in order to	10	whereas	2		
In order to	10	Whereas	1		

（2）英语并列连接词中“，”和“；”作为并列连接词引入，一般配合 and 使用，根据“，”或“；”的多少构成不同的并列连接词模式，见表 5-7。

表 5-7　and 与“，”“；”配合的一些并列连接词（公文）

and 的使用模式	频次
, …, … and	81
, …, …, …, … and	13
, … and	246
, …, …, …, …, … and	3
, …, …, … and	29
, …; …, …, …, …, … and	1
, … and …, …, …, …, … and	1
; … and	19
; …; … and	9
; …; …; … and	5
; …; …; …; …; … and	1
; …; …; …; …; … and	1
and …, …, …, … and	1
and … and	5

（3）联合使用的多个连接词按一个连接词计算。例如：and also（频次 3）；and at the same time（频次 3）；and therefore（频次 1）。

表 5-8 给出了两种文体中汉英显式篇章连接词的频次与频序。从表 5-8 可得出如下结果：

（1）汉语连接词的种类数、拥有率、复用量低于英语：

种类数、拥有率：汉语 58/1499 < 英语 75/1492（新闻）；

汉语 42/2528 < 英语 88/2522（公文）

复用量：汉语 4.17（242/58）< 英语 6.16（462/75）（新闻）；

汉语 2.10（88/42）< 英语 16.01（1409/88）（公文）

（2）汉语、英语的新闻、公文语体连接词复用量等级如下：

汉语公文 2.10 < 汉语新闻 4.17 < 英语新闻 6.16 < 英语公文 16.01

表 5-8　显式连接词的频次与频序

频序	新闻				公文			
	汉语		英语		汉语		英语	
	连接词	频次	连接词	频次	连接词	频次	连接词	频次
1	其中	50	and	220	也	8	and	650
2	并	28	, … and	39	但	6	, … and	246
3	但	16	to	31	确保	6	to	99
4	同时	14	At the same time	16	以	6	, …, … and	81
5	为	14	among which	14	其中	4	, …, …, … and	29
6	比	11	but	12	使	4	so as to	26
7	而且	7	of which	10	为	4	so that	23
8	还	7	In order to	6	重点	4	To	22
9	以	7	Among them	5	并	3	; … and	19
10	占	6	in order to	5	既……又	3	thus	17
11	不仅……而且	5	Moreover	5	在……前提下	3	, …, …, …, … and	13
12	也	5	not only … but also	5	只有……才	3	by	11
13	;	4	also	4	更	2	with	11
14	此外	4	But	4	同时	2	; …; … and	9
15	而	4	so as to	4	同样	2	also	8
16	尽管……但	4	To	4	在……基础上	2	while	7
17	与此同时	4	with	4	； ……;	1	as well as	6
18	为了	3	, …, … and	3	； ……; ……;	1	both … and	6
19	因此	3	;	3	按照	1	so	6
20	不是……而是	2	; … and	3	标志着	1	; …; …; … and	5
21	从而	2	and also	3	不管……都	1	and … and	5
22	但是	2	and at the same time	3	除……外	1	for	5
23	如果……那么	2	However	3	而是	1	in order to	5
24	甚至	2	among	2	凡是……都	1	As	4
25	使	2	not only … but … also	2	根据	1	As a result	4
26	因而	2	Therefore	2	还	1	but	4

续表

频序	新闻				公文			
	汉语		英语		汉语		英语	
	连接词	频次	连接词	频次	连接词	频次	连接词	频次
27	；……；	1	whereas	2	就	1	However	4
28	比……占	1	; ...; ... and	1	就……就	1	In order to	4
29	并且	1	Additionally	1	让	1	, ..., ..., ..., ... , ... and	3
30	不仅……而且还	1	Among that	1	体现	1	in accordance with	3
31	不能……只能	1	Among these	1	通过	1	In addition	3
32	不要……否则	1	among whom	1	同	1	thereby	3
33	对此	1	and even	1	为了	1	through	3
34	而是	1	and therefore	1	显示了	1	Although	2
35	分别比	1	and ... and	1	要按照	1	And	2
36	还有	1	as	1	一方面……一方面	1	At the same time	2
37	或者	1	As a result	1	又	1	Based on	2
38	既不……也不	1	As far as	1	在……下	1	On this basis	3
39	例如	1	as long as	1	只要	1	or	2
40	另	1	as well as	1	只要……就	1	While	2
41	另外	1	Aside from this	1	主要是	1	With	2
42	然而	1	at the same time	1	总的看	1	, ..., ..., ..., ... , ..., ... and	1
43	如果……不要	1	Because of this	1	合计	88	, ... and ..., ..., ..., ..., ... and	1
44	所以	1	but at the time	1	总体	2528	, ... or	1
45	同时还	1	but now	1			.... And	1
46	同时也	1	even	1			; ...; ...; ...; ... ; ... and	1
47	同时也是	1	Furthermore	1			; ...; ...; ...; ...; ...; ...; ...; ...; ...; ...; ...; ...; ...; ...; ...; ...;	1
48	同样	1	Hence	1			; ...; ...; ...; ... ; ... and	1
49	为此	1	In addition	1			along	1
50	为了……为了	1	in order to ... to	1			and also	1

续表

频序	新闻				公文			
	汉语		英语		汉语		英语	
	连接词	频次	连接词	频次	连接词	频次	连接词	频次
51	以便	1	In response to this	1			and ..., ..., ..., ... and	1
52	以使	1	In this	1			as	1
53	由于	1	Instead	1			as a whole	1
54	由于……所以	1	Meanwhile	1			as long as	1
55	有些……有些	1	moreover	1			By	1
56	正因为	1	neither... nor	1			by way of	1
57	只是	1	nevertheless	1			Consequently	1
58	只要	1	Of	1			despite	1
59	合计	242	Of these	1			Even	1
60	总体	1499	of this amount	1			Even though	1
61			Of this amount	1			except for	1
62			On the other hand	1			from	1
63			or	1			in	1
64			resulting in	1			in light of	1
65			such as	1			In line with	1
66			The ...The	1			In particular	1
67			thereby	1			In response to	1
68			therefore	1			In this way	1
69			To this end	1			Instead	1
70			until	1			mainly	1
71			Whereas	1			More importantly	1
72			while	1			Moreover	1
73			Within that	1			of	1
74			Within this	1			of whom	1
75			yet	1			on the basis of	1
76			合计	462			On the premise of	1
77			总体	1492			on the premise that	1

续表

频序	新闻				公文			
	汉语		英语		汉语		英语	
	连接词	频次	连接词	频次	连接词	频次	连接词	频次
78							on this basis	1
79							Only when	1
80							Only … can	1
81							resulted in	1
82							Thanks to	2
83							The main ones	1
84							throughout	1
85							Ultimately	1
86							Under	1
87							when … and when	1
88							whether … or	1
89							合计	1409
90							总体	2522

5.2.6 同义连接词

同义连接词即表同种篇章关系类型的连接词。表 5-9 给出了两种文体中汉英同义连接词及其频次。

表 5-9 同义连接词分布

关系	汉语			英语		
	连接词	频次		连接词	频次	
		新闻	公文		新闻	公文
背景	对此	1		In response to this	1	
				when … and when		1
并列	；	4		, … and	39	246
	；……；	1	1	, …, … and	3	81
	；……；……；		1	, …, …, … and		29

续表

关系	汉语			英语		
	连接词	频次		连接词	频次	
		新闻	公文		新闻	公文
并列	比	11		, …, …, …, … and		13
	比……占	1		, …, …, …, …, … and		3
	并	26	3	, …, …, …, …, …, … and		1
	并且	1		, … and …, …, …, …, … and		1
	不仅……而且	1		, … or		1
	不能……只能	1		;	3	
	不是……而是	2		; … and	3	19
	此外	4		; …; … and	1	9
	而	1		; …; …; … and		5
	而是		1	; …; …; …; …; … and		2
	而且	5		; …; …; …; …; …; …; …; …; …; …; …; …; … ; …; …; …;		1
	分别比	1		At the same time	1	
	还	7	1	Additionally	1	
	还有	1		also	4	8
	既……又		3	and	212	642
	既不……也不	1		And		3
	另	1		and also	3	1
	另外	1		and …, …, …, … and		1
	同		1	as		1
	同时	14	2	and at the same time	3	
	同时还	1		and … and	1	5
	同时也	1		as well as	1	6
	同时也是	1		Aside from this	1	
	同样	1	2	at the same time	1	
	也	5	8	At the same time	15	2
	一方面……一方面		1	both … and		6

续表

关系	汉语			英语		
	连接词	频次		连接词	频次	
		新闻	公文		新闻	公文
并列	又		1	Furthermore	1	
	有些……有些	1		In addition	1	3
	与此同时	4		Instead	1	1
	占	6		Meanwhile	1	
				moreover	1	
				Moreover	4	1
				or		2
				neither … nor	1	
				not only … but also	1	
				not only … but … also	1	
				On the other hand	1	
				The …The	1	
				Ultimately		1
				whereas	1	
				while	1	7
				While		1
				with	4	2
递进	并	2		and	2	1
	不仅……而且	4		and even	1	
	不仅……而且还	1		even	1	1
	而且	2		Moreover	1	
	更		2	More importantly		1
	甚至	2		not only … but also	4	
				not only … but … also	1	
				whereas	1	
对比	而	3		As far as	1	
				but	1	
				Whereas	1	

续表

关系	汉语			英语		
	连接词	频次		连接词	频次	
		新闻	公文		新闻	公文
假设	不要……否则	1				
	如果……不要	1				
	如果……那么	2				
解说				in		1
				of		1
				with		1
例证	例如	1		such as	1	
	体现		1			
目的	确保		6	and		1
	让		1	for		4
	使	1	4	in order to	5	5
	为	14	4	In order to	6	4
	为了	3	1	in order to … to	1	
	为了……为了	1		In response to		1
	以	7	3	In this way		1
	以便	1		so as to	4	26
	以使	1		so that		22
				to	31	99
				To	4	22
评价	标志着		1			
	显示了		1			
让步	尽管……但	4		as long as	1	
顺承				, … and		1
				and	4	5
				until	1	
条件	按照		1	along		1
	不管……都		1	As		2

续表

关系	汉语			英语		
	连接词	频次		连接词	频次	
		新闻	公文		新闻	公文
条件	除……外		1	as long as		1
	凡是……都		1	Based on		2
	根据		1	by		11
	就		1	By		1
	就……就		1	by way of		1
	通过		1	Even though		1
	要按照		1	except for		1
	以		3	for		1
	在……基础上		2	in accordance with		3
	在……前提下		3	in light of		1
	在……下		1	In line with		1
	只要	1	1	On the basis		1
	只要……就		1	on the basis of		1
	只有……才		3	On the premise of		1
				on the premise that		1
				on this basis		1
				On this basis		2
				Only when		1
				Only … can		1
				through		2
				throughout		1
				under		1
				Whether … or		1
				with		6
				With		1
推断	总的看		1	as a whole		1
选择	或者	1		or	1	

续表

关系	汉语			英语		
	连接词	频次		连接词	频次	
		新闻	公文		新闻	公文
因果	从而	2		and	1	1
	使	1		and therefore	1	
	所以	1		as	1	
	为此	1		As		2
	因此	3		As a result	1	4
	因而	2		Because of this	1	
	由于	1		Consequently		1
	由于……所以	1		from		1
	正因为	1		Hence	1	
				resulting in	1	
				resulted in		1
				so		6
				so that		1
				Thanks to		1
				Thanks to these efforts		1
				thereby	1	
				therefore	1	
				Therefore	2	
				through		1
				thus		17
				To this end	1	
				With		1
转折	但	16	6	Although		2
	但是	2		but	11	4
	而是	1		But	4	
	然而	1		but at the time	1	
	只是	1		but now	1	

续表

关系	汉语			英语		
	连接词	频次		连接词	频次	
		新闻	公文		新闻	公文
转折				despite		1
				However	3	4
				nevertheless	1	
				While		1
				yet	1	
总分	其中	50	4	among	2	
	重点		4	Among that	1	
	主要是		1	Among them	5	
				Among these	1	
				among which	14	
				among whom	1	
				and	1	
				In particular		1
				In this	1	
				mainly		1
				Of	1	
				Of these	1	
				of this amount	1	
				Of this amount	1	
				of which	10	
				of whom		1
				The main ones		1
				with		2
				Within that	1	
				Within this	1	
合计		242/1499	88/2528		462/1492	1409/2522

5.2.7　连接词的语义分布

连接词的语义即连接词所表达的篇章关系类型，一种连接词可以表示一种篇章关系（单义），也可以表示多种篇章关系（多义）。

1. 隐式关系的语义分布

隐式关系可以视为一种特殊连接词，表 5-10 给出汉英隐式关系的语义分布。隐式关系多义且语义分布差异大。比如，并列关系在隐式关系中占比最高，而英汉两种语言又有所差异。

表 5-10　隐式关系的语义分布

关系类型	汉语				英语			
	新闻		公文		新闻		公文	
	频次	比例/%	频次	比例/%	频次	比例/%	频次	比例/%
背景	24	1.91	13	0.53	25	2.43	12	1.08
并列	835	66.43	1685	69.06	628	60.97	607	54.54
递进	6	0.48	3	0.12	6	0.58	2	0.18
对比	5	0.40	0	0	5	0.49	0	0
假设	6	0.48	1	0.04	10	0.97	0	0
解说	54	4.30	284	11.64	53	5.15	279	25.07
例证	86	6.84	9	0.37	86	8.35	11	0.99
目的	49	3.90	183	7.50	24	2.33	17	1.53
评价	33	2.63	22	0.90	31	3.01	23	2.07
让步	1	0.08	2	0.08	4	0.39	0	0
顺承	30	2.39	7	0.29	24	2.33	0	0
条件	6	0.48	53	2.17	7	0.68	28	2.52
推断	3	0.24	1	0.04	3	0.29	1	0.09
选择	0	0	0	0	0	0	0	0
因果	95	7.56	159	6.52	95	9.22	118	10.60
转折	9	0.72	6	0.25	7	0.68	0	0
总分	15	1.19	12	0.49	22	2.14	15	1.35
合计	1257/1499	100.00	2440/2528	100.00	1030/1492	100.00	1113/2522	100.00

2. 显式连接词的语义分布

表 5-11 给出汉英显示连接词的语义分布。显式连接词有单义与多义之分，多义连接词中义项的分布多寡不同。

表 5-11　显示连接词的语义分布

汉语						英语					
新闻			公文			新闻			公文		
连接词	关系	频次	连接词	关系	频次	连接词	关系	频次	连接词	关系	频次
；	并列	4	；……；	并列	1	, … and	并列	39	, …, … and	并列	81
；……；	并列	1	；……；……；	并列	1	, …, … and	并列	3	, …, …, …, … and	并列	13
比	并列	11	按照	条件	1	;	并列	3	, …, …, …, …, … and	并列	3
比……占	并列	1	标志着	评价	1	; … and	并列	3	, …, …, … and	并列	29
并且	并列	1	并	并列	3	; …; … and	并列	1	, …, …, …, …, …, … and	并列	1
不仅……而且还	递进	1	不管……都	条件	1	… At the same time	并列	1	, … and …, …, …, …, … and	并列	1
不能……只能	并列	1	除……外	条件	1	Additionally	并列	1	, … or	并列	1
不是……而是	并列	2	但	转折	6	also	并列	4	; … and	并列	19
不要……否则	假设	1	而是	并列	1	among	总分	2	; …; … and	并列	9
此外	并列	4	凡是……都	条件	1	Among that	总分	1	; …; …; … and	并列	5
从而	因果	2	根据	条件	1	Among them	总分	5	; …; …; …; …; … and	并列	1
但	转折	16	更	递进	2	Among these	总分	1	; …; …; …; …; …; …; …; …; …; …; …; …; …; …; …; …;	并列	1
但是	转折	2	还	并列	1	among which	总分	14	; …; …; …; …; … and	并列	1
对此	背景	1	既……又	并列	3	among whom	总分	1	along	条件	1
而是	转折	1	就	条件	1	and also	并列	3	also	并列	8
分别比	并列	1	就……就	条件	1	and at the same time	并列	3	Although	转折	2

续表

汉语						英语					
新闻			公文			新闻			公文		
连接词	关系	频次	连接词	关系	频次	连接词	关系	频次	连接词	关系	频次
还	并列	7	其中	总分	4	and even	递进	1	And	并列	3
还有	并列	1	确保	目的	6	and has	递进	1	and also	并列	1
或者	选择	1	让	目的	1	and therefore	因果	1	and …, …, …, … and	并列	1
既不……也不	并列	1	使	目的	4	and … and	并列	1	and … and	并列	5
尽管……但	让步	4	体现	例证	1	as	因果	1	As	并列	1
例如	例证	1	通过	条件	1	As a result	因果	1	As a result	因果	4
另	并列	1	同	并列	1	As far as	对比	1	as a whole	推断	1
另外	并列	1	同时	并列	2	as long as	让步	1	as long as	条件	1
其中	总分	50	同样	并列	2	as well as	并列	1	as well as	并列	6
然而	转折	1	为	目的	4	Aside from this	并列	1	At the same time	并列	2
如果……不要	假设	1	为了	目的	1	at the same time	并列	1	Based on	条件	2
如果……那么	假设	2	显示了	评价	1	At the same time	并列	15	both … and	并列	6
甚至	递进	2	要按照	条件	1	Because of this	因果	1	But	转折	4
所以	因果	1	也	并列	8	But	转折	4	By	条件	11
同时	并列	14	一方面……一方面	并列	1	but at the time	转折	1	By	条件	1
同时还	并列	1	又	并列	1	but now	转折	1	by way of	条件	1
同时也	并列	1	在……基础上	条件	2	even	递进	1	Consequently	因果	1
同时也是	并列	1	在……前提下	条件	3	Furthermore	并列	1	despite	转折	1
同样	并列	1	在……下	条件	1	Hence	因果	1	Even	递进	1
为	目的	14	只要	条件	1	However	转折	3	Even though	条件	1
为此	因果	1	只要……就	条件	1	In addition	并列	1	except for	条件	1

续表

汉语						英语					
新闻			公文			新闻			公文		
连接词	关系	频次	连接词	关系	频次	连接词	关系	频次	连接词	关系	频次
为了	目的	3	只有……才	条件	3	in order to	目的	5	from	因果	1
为了……为了	目的	1	重点	总分	4	In order to	目的	6	However	转折	4
也	并列	5	主要是	总分	1	in order to … to	目的	1	in	解说	1
以	目的	7	总的看	推断	1	In response to this	背景	1	in accordance with	条件	3
以便	目的	1	以	目的	3	In this	总分	1	In addition	并列	3
以使	目的	1		条件	3	Instead	并列	1	in light of	条件	1
因此	因果	3	合计		88	Meanwhile	并列	1	In line with	条件	1
因而	因果	2				moreover	并列	1	in order to	目的	5
由于	因果	1				neither … nor	并列	1	In order to	目的	4
由于……所以	因果	1				nevertheless	转折	1	In particular	总分	1
有些……有些	并列	1				Of	总分	1	In response to	目的	1
与此同时	并列	4				Of these	总分	1	In this way	目的	1
占	并列	6				of this amount	总分	1	Instead	并列	1
正因为	因果	1				Of this amount	总分	1	mainly	总分	1
只是	转折	1				of which	总分	10	More importantly	递进	1
只要	条件	1				On the other hand	并列	1	Moreover	并列	1
并	并列	26				or	选择	1	of	解说	1
	递进	2				resulting in	因果	1	of whom	总分	1
而	并列	1				so as to	目的	4	On the basis	条件	1
	对比	3				such as	例证	1	on the basis of	条件	1
使	目的	1				The … The	并列	1	On the premise of	条件	1

续表

汉语						英语					
新闻			公文			新闻			公文		
连接词	关系	频次	连接词	关系	频次	连接词	关系	频次	连接词	关系	频次
使	因果	1				thereby	因果	1	on the premise that	条件	1
不仅……而且	并列	1				therefore	因果	1	on this basis	条件	1
	递进	4				Therefore	因果	2	On this basis	条件	2
而且	并列	5				to	目的	31	Only when	条件	1
	递进	2				To	目的	4	Only … can	条件	1
合计		242				To this end	因果	1	or	并列	2
						until	顺承	1	resulted in	因果	1
						while	并列	1	so	因果	6
						with	并列	4	so as to	目的	26
						Within that	总分	1	Thanks to	因果	1
						Within this	总分	1	Thanks to these efforts	因果	1
						yet	转折	1	The main ones	总分	1
						and	并列	212	thereby	因果	3
							递进	1	throughout	条件	1
							顺承	4	thus	因果	17
							因果	1	to	目的	99
							总分	1	To	目的	22
						but	对比	1	Ultimately	并列	1
							转折	11	under	条件	1
						Moreover	并列	4	when … and when	背景	1
							递进	1	whether … or	条件	1
						not only … but also	并列	1	while	并列	7
							递进	4	While	并列	1

续表

汉语						英语					
新闻			公文			新闻			公文		
连接词	关系	频次	连接词	关系	频次	连接词	关系	频次	连接词	关系	频次
						not only … bu …. also	并列	1	While	转折	1
							递进	1	with	并列	2
						whereas	并列	1		解说	1
							递进	1		条件	6
						Whereas	对比	1		总分	2
						合计		462	With	条件	1
										因果	1
									, … and	并列	245
										顺承	1
									and	并列	642
										递进	1
										目的	1
										顺承	5
										因果	1
									As	条件	2
										因果	2
									for	目的	4
										条件	1
									so that	目的	22
										因果	1
									through	条件	2
										因果	1
									合计		1409

5.3　篇章关系角色

5.3.1　篇章关系角色的总体分布

表 5-12 给出了汉英篇章关系角色的分布总体情况。可以看出：

（1）新闻文体中，汉语和英语的篇章关系角色分布基本一致；而公文文体中，英语不合常规的篇章关系角色略高于汉语（8.45% > 7.48%）。

（2）汉语和英语不合常规的篇章关系角色对语体的反映基本一致，均为公文语体高于新闻语体（7.48% > 3.14%；8.45% > 3.08%）。

表 5-12　篇章关系角色的总体分布

角色常规	新闻				公文			
	汉语		英语		汉语		英语	
	频次	比例/%	频次	比例/%	频次	比例/%	频次	比例/%
不合常规	47	3.14	46	3.08	189	7.48	213	8.45
符合常规	1452	96.86	1446	96.92	2339	92.52	2309	91.55
合计	1499	100.00	1492	100.00	2528	100.00	2522	100.00

5.3.2　篇章关系角色分布与篇章关系类型

篇章关系角色分布是否符合常规与篇章关系类型密切相关，见表 5-13。可以看出：

（1）总体上，汉语、英语的篇章关系在新闻、公文两种语体上的篇章角色分布差异较大，一般为不合常规的少于符合常规的，且比例相当。

（2）两种篇章关系的角色分布有例外：

A. 目的关系

汉语、英语在新闻、公文两种语体上的对比差异基本相当：

新闻：5:72（汉语） VS. 5:70（英语）；公文：157:45（汉语）VS.161:41（英语）

但汉英各在新闻、公文的差异较大，即汉语和英语的目的关系，在新闻和公文两种语体上的关系角色分布差异较大：

汉语：5:72（新闻）VS. 157:45（公文）；英语：5:70（新闻）VS. 161:41（公文）

B. 条件关系

汉语和英语在新闻语体上角色分布相同：

2:5（汉语） VS. 2:5（英语）

但汉语和英语在公文语体上的角色分布有一定差异：

12:64（汉语） VS. 30:46（英语）

表 5-13　篇章关系角色分布与篇章关系类型

关系类型	新闻						公文					
	汉语			英语			汉语			英语		
	不合常规	合常规	合计	不合常规	合常规	合计	不合常规	合常规	合计	不合常规	合常规	合计
背景	1	24	25	1	25	26	0	13	13	0	13	13
并列	21	918	939	21	919	940	4	1706	1710	3	1707	1710
递进	0	17	17	0	17	17	0	5	5	0	5	5
对比	0	8	8	0	8	8	0	0	0	0	0	0
假设	1	9	10	1	9	10	0	1	1	0	0	0
解说	1	53	54	1	52	53	4	280	284	3	279	282
例证	1	86	87	1	86	87	1	9	10	1	10	11
目的	5	72	77	5	70	75	157	45	202	161	41	202
评价	1	32	33	0	31	31	0	24	24	1	22	23
让步	0	5	5	0	5	5	0	2	2	0	0	0
顺承	0	30	30	0	29	29	0	7	7	0	6	6
条件	2	5	7	2	5	7	12	64	76	30	46	76
推断	0	3	3	0	3	3	0	2	2	0	2	2
选择	0	1	1	0	1	1	0	0	0	0	0	0
因果	13	95	108	13	94	107	11	148	159	13	146	159
转折	0	30	30	0	29	29	0	12	12	1	11	12
总分	1	64	65	1	63	64	0	21	21	0	21	21
合计	47	1452	1499	46	1446	1492	189	2339	2528	213	2309	2522

5.4　篇章关系中心

5.4.1　篇章关系中心的位置分布

表 5-14 给出了两类文体中，汉语和英语的篇章关系中心的位置分布情况。可以看出，汉语和英语的中心分布整体上具有共同性：

（1）前后均为中心最多（与并列关系较多有关），中心在前其次，中心在后最少。

（2）公文语体与新闻语体相比，汉语和英语均是：前后均为中心有 5.00%的增加（主要与并列关系的使用增加有关），中心在后有 2.00%—3.30%的增加，而中心在前则有 7.00%—8.00%的减少。这说明，汉语和英语都倾向于在新闻语体使用中心在前，而在公文语体中增加中心在后与前后均为中心的使用。

汉语和英语的中心分布略有差异：主要表现在公文语体上，中心在前的比例英语高出汉语 1.30%，而中心在后的比例汉语则高出英语 1.20%。这说明，（语体越正式）汉语中心在后的程度高于英语，而英语中心在前的程度高于汉语。

表 5-14　篇章关系中心的位置分布

中心位置	新闻				公文			
	汉语		英语		汉语		英语	
	频次	比例/%	频次	比例/%	频次	比例/%	频次	比例/%
1	466	31.09	468	31.37	581	22.98	614	24.35
2	95	6.34	96	6.43	242	9.57	213	8.45
3	938	62.58	928	62.20	1705	67.44	1695	67.21
合计	1499	100.00	1492	100.00	2528	100.00	2522	100.00

注：1 为中心在前；2 为中心在后；3 为前后均为中心

5.4.2　篇章关系中心位置与关系类型

篇章关系中心的位置分布与具体的关系类型有一定关系。

1. 篇章关系中心位置与关系类型（总体）

表 5-15 给出了每一种关系的中心位置分布情况的频次。其中，对比差异较大的加了粗体（下同）。

表 5-15　篇章关系中心位置与关系类型（频次）

关系	新闻								公文							
	汉语				英语				汉语				英语			
	1	2	3	合计	1	2	3	合计	1	2	3	合计	1	2	3	合计
背景	**4**	**5**	**16**	**25**	**4**	**6**	**16**	**26**	**0**	**13**	**0**	**13**	**0**	**13**	**0**	**13**
并列	190	9	740	939	192	11	737	940	31	1	1678	1710	36	1	1673	1710
递进	0	0	17	17	0	0	17	17	0	0	5	5	0	0	5	5
对比	2	1	5	8	2	1	5	8	0	0	0	0	0	0	0	0
假设	1	1	8	10	1	1	8	10	0	1	0	1	0	0	0	0
解说	40	2	12	54	41	2	10	53	272	12	0	284	271	11	0	282
例证	84	0	3	87	85	0	2	87	9	1	0	10	10	1	0	11
目的	**46**	**22**	**9**	**77**	**43**	**23**	**9**	**75**	**162**	**36**	**4**	**202**	**167**	**32**	**3**	**202**
评价	**16**	**10**	**7**	**33**	**15**	**9**	**7**	**31**	**16**	**7**	**1**	**24**	**18**	**5**	**0**	**23**
让步	1	0	4	5	1	0	4	5	0	1	1	2	0	0	0	0
顺承	4	0	26	30	4	0	25	29	0	0	7	7	0	0	6	6
条件	0	1	6	7	0	1	6	7	**14**	**60**	**2**	**76**	**31**	**43**	**2**	**76**
推断	1	0	2	3	1	0	2	3	1	1	0	2	1	1	0	2
选择	0	0	1	1	0	0	1	1	0	0	0	0	0	0	0	0
因果	**17**	**30**	**61**	**108**	**19**	**29**	**59**	**107**	**56**	**98**	**5**	**159**	**59**	**96**	**4**	**159**
转折	**1**	**14**	**15**	**30**	**1**	**13**	**15**	**29**	**1**	**10**	**1**	**12**	**2**	**9**	**1**	**12**
总分	59	0	6	65	59	0	5	64	19	1	1	21	19	1	1	21
合计	466	95	938	1499	468	96	928	1492	581	242	1705	2528	614	213	1695	2522

注：1 为中心在前；2 为中心在后；3 为前后均为中心

表 5-16 给出了每一种关系的各中心位置分布（1、2、3）占总体

（1+2+3）的比例。

表 5-16　结构中心的位置分布与关系类型比例

关系	新闻								公文							
	汉语				英语				汉语				英语			
	1	2	3	合计	1	2	3	合计	1	2	3	合计	1	2	3	合计
背景	0.16	0.20	0.64	1.00	0.15	0.23	0.62	1.00	0.00	1.00	0.00	1.00	0.00	1.00	0.00	1.00
并列	0.20	0.01	0.79	1.00	0.20	0.01	0.78	1.00	0.02	0.00	0.98	1.00	0.02	0.00	0.98	1.00
递进	0.00	0.00	1.00	1.00	0.00	0.00	1.00	1.00	0.00	0.00	1.00	1.00	0.00	0.00	1.00	1.00
对比	0.25	0.13	0.63	1.00	0.25	0.13	0.63	1.00	0.00	0.00	0.00	1.00	0.00	0.00	0.00	0.00
假设	0.10	0.10	0.80	1.00	0.10	0.10	0.80	1.00	0.00	1.00	0.00	1.00	0.00	0.00	0.00	0.00
解说	0.74	0.04	0.22	1.00	0.77	0.04	0.19	1.00	0.96	0.04	0.00	1.00	0.96	0.04	0.00	1.00
例证	0.97	0.00	0.03	1.00	0.98	0.00	0.02	1.00	0.90	0.10	0.00	1.00	0.91	0.09	0.00	1.00
目的	0.60	0.29	0.12	1.00	0.57	0.31	0.12	1.00	0.80	0.18	0.02	1.00	0.83	0.16	0.01	1.00
评价	0.48	0.30	0.21	1.00	0.48	0.29	0.23	1.00	0.67	0.29	0.04	1.00	0.78	0.22	0.00	1.00
让步	0.20	0.00	0.80	1.00	0.20	0.00	0.80	1.00	0.00	0.50	0.50	1.00	0.00	0.00	0.00	0.00
顺承	0.13	0.00	0.87	1.00	0.14	0.00	0.86	1.00	0.00	0.00	1.00	1.00	0.00	0.00	1.00	1.00
条件	0.00	0.14	0.86	1.00	0.00	0.14	0.86	1.00	0.18	0.79	0.03	1.00	0.41	0.57	0.03	1.00
推断	0.33	0.00	0.67	1.00	0.33	0.00	0.67	1.00	0.50	0.50	0.00	1.00	0.50	0.50	0.00	1.00
选择	0.00	0.00	1.00	1.00	0.00	0.00	1.00	1.00	0.00	0.00	0.00	1.00	0.00	0.00	0.00	0.00
因果	0.16	0.28	0.56	1.00	0.18	0.27	0.55	1.00	0.35	0.62	0.03	1.00	0.37	0.60	0.03	1.00
转折	0.03	0.47	0.50	1.00	0.03	0.45	0.52	1.00	0.08	0.83	0.08	1.00	0.17	0.75	0.08	1.00
总分	0.91	0.00	0.09	1.00	0.92	0.00	0.08	1.00	0.90	0.05	0.05	1.00	0.90	0.05	0.05	1.00

注：1 为中心在前；2 为中心在后；3 为前后均为中心

2. 中心在前的关系分布

每一种篇章关系中，中心在前的占比不同。根据表 5-16 中的占比，表 5-17 给出中心在前的不同关系的占比排序。

表 5-17　中心在前的占比及排序

新闻				公文			
汉语		英语		汉语		英语	
关系	中心在前	关系	中心在前	关系	中心在前	关系	中心在前
例证	0.97	例证	0.98	解说	0.96	解说	0.96
总分	0.91	总分	0.92	例证	0.90	例证	0.91
解说	0.74	解说	0.77	总分	0.90	总分	0.90
目的	0.60	目的	0.57	目的	0.80	目的	0.83
评价	0.48	评价	0.48	评价	0.67	评价	0.78
推断	0.33	推断	0.33	推断	0.50	推断	0.50
对比	0.25	对比	0.25	因果	0.35	条件	0.41
并列	0.20	并列	0.20	条件	0.18	因果	0.37
让步	0.20	让步	0.20	转折	0.08	转折	0.17
背景	0.16	因果	0.18	并列	0.02	并列	0.02
因果	0.16	背景	0.15	对比	0.00	对比	0.00
顺承	0.13	顺承	0.14	让步	0.00	让步	0.00
假设	0.10	假设	0.10	背景	0.00	背景	0.00
转折	0.03	转折	0.03	顺承	0.00	顺承	0.00
递进	0.00	递进	0.00	假设	0.00	假设	0.00
条件	0.00	条件	0.00	递进	0.00	递进	0.00
选择	0.00	选择	0.00	选择	0.00	选择	0.00

3. 中心在后的关系分布

每一种篇章关系中，中心在后的占比不同。表 5-18 给出中心在后的不同关系的占比排序。

表 5-18　中心在后的占比及排序

新闻				公文			
汉语		英语		汉语		英语	
关系	中心在后	关系	中心在后	关系	中心在后	关系	中心在后
转折	0.47	转折	0.45	背景	1.00	背景	1.00
评价	0.30	目的	0.31	假设	1.00	转折	0.75

续表

新闻				公文			
汉语		英语		汉语		英语	
关系	中心在后	关系	中心在后	关系	中心在后	关系	中心在后
目的	0.29	评价	0.29	转折	0.83	因果	0.60
因果	0.28	因果	0.27	条件	0.79	条件	0.57
背景	0.20	背景	0.23	因果	0.62	推断	0.50
条件	0.14	条件	0.14	推断	0.50	评价	0.22
对比	0.13	对比	0.13	让步	0.50	目的	0.16
假设	0.10	假设	0.10	评价	0.29	例证	0.09
解说	0.04	解说	0.04	目的	0.18	总分	0.05
并列	0.01	并列	0.01	例证	0.10	解说	0.04
例证	0.00	例证	0.00	总分	0.05	假设	0.00
总分	0.00	总分	0.00	解说	0.04	让步	0.00
推断	0.00	推断	0.00	对比	0.00	对比	0.00
让步	0.00	让步	0.00	并列	0.00	并列	0.00
顺承	0.00	顺承	0.00	顺承	0.00	顺承	0.00
递进	0.00	递进	0.00	递进	0.00	递进	0.00
选择	0.00	选择	0.00	选择	0.00	选择	0.00

4. 中心在前后的关系分布

每一种篇章关系中，前后均为中心的占比不同。表 5-19 给出前后均为中心的不同关系的占比排序。

表 5-19　中心在前后的占比及排序

新闻				公文			
汉语		英语		汉语		英语	
关系	中心在前后	关系	中心在前后	关系	中心在前后	关系	中心在前后
递进	1.00	递进	1.00	递进	1.00	递进	1.00
选择	1.00	选择	1.00	顺承	1.00	顺承	1.00
顺承	0.87	顺承	0.86	并列	0.98	并列	0.98
条件	0.86	条件	0.86	让步	0.50	转折	0.08

续表

新闻				公文			
汉语		英语		汉语		英语	
关系	中心在前后	关系	中心在前后	关系	中心在前后	关系	中心在前后
假设	0.80	假设	0.80	转折	0.08	总分	0.05
让步	0.80	让步	0.80	总分	0.05	条件	0.03
并列	0.79	并列	0.78	评价	0.04	因果	0.03
推断	0.67	推断	0.67	条件	0.03	目的	0.01
背景	0.64	对比	0.63	因果	0.03	让步	0.00
对比	0.63	背景	0.62	目的	0.02	评价	0.00
因果	0.56	因果	0.55	选择	0.00	选择	0.00
转折	0.50	转折	0.52	假设	0.00	假设	0.00
解说	0.22	评价	0.23	推断	0.00	推断	0.00
评价	0.21	解说	0.19	对比	0.00	对比	0.00
目的	0.12	目的	0.12	背景	0.00	背景	0.00
总分	0.09	总分	0.08	解说	0.00	解说	0.00
例证	0.03	例证	0.02	例证	0.00	例证	0.00

5.4.3 关系中心位置与关系角色

篇章关系中心位置分布与关系角色的分布有一定关系，表5-20和表5-21给出相关分布数据。

表 5-20 关系中心位置与关系角色分布（新闻频次）

关系	新闻													
	汉语							英语						
	1		2		3		合计	1		2		3		合计
	不合常规	合常规	不合常规	合常规	不合常规	合常规		不合常规	合常规	不合常规	合常规	不合常规	合常规	
背景	0	4	0	5	1	15	25	0	4	0	6	1	15	26
并列	2	188	1	8	18	722	939	3	188	1	10	17	720	940
递进	0	0	0	0	0	17	17	0	0	0	0	0	17	17

续表

关系	新闻													
	汉语							英语						
	1		2		3		合计	1		2		3		合计
	不合常规	合常规	不合常规	合常规	不合常规	合常规		不合常规	合常规	不合常规	合常规	不合常规	合常规	
对比	0	2	0	1	0	5	8	0	2	0	1	0	5	8
假设	0	1	0	1	1	7	10	0	1	0	1	1	7	10
解说	1	39	0	2	0	12	54	1	39	0	2	0	10	53
例证	1	83	0	0	0	3	87	1	83	0	0	0	2	87
目的	3	43	2	20	0	9	77	3	43	2	21	0	9	75
评价	1	15	0	10	0	7	33	0	15	0	9	0	7	31
让步	0	1	0	0	0	4	5	0	1	0	0	0	4	5
顺承	0	4	0	0	0	26	30	0	4	0	0	0	25	29
条件	0	0	1	0	1	5	7	0	0	1	0	1	5	7
推断	0	1	0	0	0	2	3	0	1	0	0	0	2	3
选择	0	0	0	0	0	1	1	0	0	0	0	0	1	1
因果	3	14	3	27	7	54	108	3	14	3	26	7	52	107
转折	0	1	0	14	0	15	30	0	1	0	13	0	15	29
总分	0	59	0	0	1	5	65	1	59	0	0	0	5	64
小计	11	455	7	88	29	909	1499	12	456	7	89	27	901	1492
合计	466		95		938		1499	468		96		928		1492

注：1 为中心在前；2 为中心在后；3 为前后均为中心

表 5-21　关系中心位置与关系角色分布（公文频次）

关系	公文													
	汉语							英语						
	1		2		3		合计	1		2		3		合计
	不合常规	合常规	不合常规	合常规	不合常规	合常规		不合常规	合常规	不合常规	合常规	不合常规	合常规	
背景	0	0	0	13	0	0	13	0	0	0	13	0	0	13
并列	0	31	0	1	4	1674	1710	0	36	0	1	3	1670	1710
递进	0	0	0	0	0	5	5	0	0	0	0	0	5	5

续表

关系	公文													
	汉语							英语						
	1		2		3		合计	1		2		3		合计
	不合常规	合常规	不合常规	合常规	不合常规	合常规		不合常规	合常规	不合常规	合常规	不合常规	合常规	
对比	0	0	0	0	0	0	0	0	0	0	0	0	0	0
假设	0	0	0	1	0	0	1	0	0	0	0	0	0	0
解说	3	269	1	11	0	0	284	3	268	0	11	0	0	282
例证	0	9	1	0	0	0	10	0	10	1	0	0	0	11
目的	154	8	2	34	1	3	202	158	9	2	30	1	2	202
评价	0	16	0	7	0	1	24	1	17	0	5	0	0	23
让步	0	0	0	1	0	1	2	0	0	0	0	0	0	0
顺承	0	0	0	0	0	7	7	0	0	0	0	0	6	6
条件	10	4	2	58	0	2	76	28	3	2	41	0	2	76
推断	0	1	0	1	0	0	2	0	1	0	1	0	0	2
选择	0	0	0	0	0	0	0	0	0	0	0	0	0	0
因果	8	48	2	96	1	4	159	10	49	2	94	1	3	159
转折	0	1	0	10	0	1	12	1	1	0	9	0	1	12
总分	0	19	0	1	0	1	21	0	19	0	1	0	1	21
小计	175	406	8	234	6	1699	2528	201	413	7	206	5	1690	2522
合计	581		242		1705		2528	614		213		1695		2522

注：1 为中心在前；2 为中心在后；3 为前后均为中心

第 6 章

汉语小句的英语对应单位[①]

6.1 引　　言

小句是篇章翻译的基本单位。研究表明，在机器翻译系统中，基于小句的翻译比基于大句的翻译的翻译结果的可接受率高出 45%（王经益，2009）。由此，基于小句的翻译模型也成为篇章机器翻译研究的重要课题（宋柔和葛诗利，2015）。统计翻译的根基在于有充分的双语对齐样本和双语语法知识，相应地，基于小句的双语对齐语料库与语法标注库的研制与分析就成为面向篇章机器翻译的基础性重要课题。

汉英翻译中，汉语小句的英语对应单位复杂多样，选择何种对应单位是汉语小句英译的关键问题。如例（1），汉语小句 C1 与 C2 的英语对应单位分别为 E1 与 E2。功能上，E1、E2 分别为主句、从句（状语从句）；结构上，E1、E2 分别是限定式与非限定式（现在分词）。

（1）[C1] 上海浦东近年来颁布实行了涉及经济、贸易、建设、规划、科技、文教等领域的七十一件法规性文件，/[C2] 确保了浦东开发的有序进行。

[E1]In recent years Shanghai's Pudong has promulgated and implemented 71 regulatory documents relating to areas such as economics, trade, construction, planning, science and technology, culture and education, etc., / [E2]ensuring the orderly advancement of Pudong's development.

① 本章主要内容以英文稿在 2016 年的 The 5th CCF Conference on Natural Language Processing and Chinese Computing（NLPCC）上做过报告，见 Feng 等（2016）。

如例（1）所示，如能提供汉英小句对齐样本，并进一步给出对应小句的语法知识，将为双语小句转换提供非常有效的知识指导，也将为篇章机器翻译等研究奠定坚实基础。至今，汉英平行语料库已有很多（柏晓静等，2002；王克非，2004），但这些平行语料库一般基于操作性强的大句（一般以句号等为标志）甚至段落对齐，而基于小句对齐的平行语料库仅仅开始初步实践（宋柔和葛诗利，2015），原因主要是双语“小句”差异大，对齐难度大，至于双语对齐中小句语法知识的标注资源则几乎没有。

本书标注汉语小句的英语对应单位，并对其进行统计分析。首先，在汉英平行文本上，以汉语小句为标准对齐切分得到英语对应单位，形成汉英小句对齐语料库（6.2 小节）。其次，根据一定语法分析原则与体系，标注语料库中的英语对应单位，形成其语法标注库（6.3 小节）。最后，基于标注语料库统计分析英语对应单位的结构与功能分布（6.4 小节）。

6.2 汉英小句对齐语料库

汉英小句对齐语料库创建的基本原则是：对于汉英平行文本，首先依据一定标准切分汉语篇章得到汉语小句；其次，以汉语小句切分为依据，对齐切分英语，得到线性序列上最佳的英语语义对应单位，即汉语小句的英语对应单位。

这里汉语小句标准采用以下定义（见2.2节）：小句含传统单句及复句中的分句。结构上，小句至少包含 1 个谓语部分，至少表达 1 个命题；功能上，小句对外不作为其他小句结构的语法成分，小句和其他篇章单位发生命题关系，小句去除篇章化手段后一般可以独立成为句子；形式上，小句间一定有标点（逗号、分号和句号等）分割。李艳翠等（2013）的研究表明，这种汉语小句定义是操作性很强的定义，适于大规模语料库的创建与自动分析。

所谓“以汉语小句切分为依据”是指英语对应单位的确定以汉语小句为标准，而不是以英语本身的小句标准切分而来。如例（2）中，汉语切分为

3 个小句 C1、C2、C3，相应的英语对应单位切分为 E1、E2、E3。从语法上看，E1 为典型小句，E2、E3 则不是，其中 E3 为不定式短语，而 E2 则是小句组。按英语本身性质，E2 还可进一步分为 2 个小句（“... expand ...”和“use ...”）。但对于汉语小句 C2，仅认定英语 E2 是其对应单位，至于 E2 内部则不再分析，因为从汉语看，C2 是不可再切分的汉语小句。这里英语的 E2、E3，正是以汉语小句为标准对应切分而来，而非以英语自身标准切分而来。正因此，称从英语切分出的 E1、E2、E3 为“（汉语小句的）英语对应单位”。不过，考虑到这些对应单位从汉语小句对应而来，且在英语中通常为小句，为称述方便，下文中有时也称其为“英语小句”。

（2）C1 浙江省今后将进一步提高对外开放水平，// C2 努力扩大对外贸易、利用外资和国际经济技术合作，/C3 并逐步完善对外经贸营销网络。

E1 Zhejiang Province will further raise the level of opening up to the outside world, // E2 diligently expand its foreign trade, and use foreign funds and international economic and technical co-operation,/ E3 to progressively perfect its marketing network of foreign economic and trade business.

（3）C1 这一数字比上年末增加二百零三点三亿元，/C2 增长百分之二十七点六。

E1 This number was an increase of 20.33 billion yuan, / E2 a growth of 27.6 % compared to the end of the previous year.

所谓“线性序列上最佳”是指与汉语小句的英语对应单位是线性序列上最佳的语义对应语段，但却不一定是语义完全对等的单位。如例（3）的英语小句 E1、E2 因状语（compared to the end of the previous year）的位置而与汉语小句 C1、C2 不完全语义对等，但却是“线性序列上最佳”的英语对应单位。

基于以上原则，笔者选取 Chinese TreeBank 的汉语及其对译的英语语料（新闻语料）共 100 篇，进行了汉英小句的对齐切分标注，得到汉英小句对齐语料库，共 2192 个汉英小句对。

6.3 英语对应单位语法标注库

对汉英小句对齐语料库中的 2192 个英语对应单位进行语法分析与标注，建成英语对应单位语法标注库。英语对应单位的语法性质确定在一定分析原则与性质体系下进行。

6.3.1 英语对应单位的语法分析原则

笔者通过实例调研，制定了语法分析原则，用以处理英语对应单位分析的一般问题和关键难题。

第一，对英语对应单位的语法性质认定，既考虑其内部结构，又考虑其外部功能。如例（1），既从结构上看到 E1、E2 内部有动词核心的限定与非限定之分，又从功能上看到二者在整体结构（主从复杂句）中有主句与从句之别等。

第二，认定对象主体以整体功能优先于局部功能为原则。有时英语对应单位的内部结构复杂，但并非良好的语法单位，对其结构与功能的认定以该片段的核心主体为认定对象。而核心主体的认定主要以该片段在整体结构中的功能而定。如例（4），英语的 E1 内部结构复杂（由主句和状语从句构成，而状语从句又由并列定语从句构成），但从整句看，整句为复杂句，E1 为主句， E2 为从句，由此对 E1 的认定以功能主体（“recently there were ...”）为对象，认定其为“主句”“定式结构”。

（4）[C1]据浦东新区经贸局对浦东开发七年来引进投资一千万美元以上的一百五十七个工业大项目跟踪调查，<u>目前建成投产的有一百一十六个，</u>/ [C2]投产率高达百分之七十三点九。

[E1]According to the Pudong New Region's Economy and Trade Bureau follow-up investigation into 157 large industrial projects that were introduced in the seven years of Pudong's development, and that have more than 10 million US dollars invested, <u>recently there were 116 that finished construction</u>

and went into operation, /[E2] with the percentage of going into operation reaching up to 73.9%.

第三，英语对应单位中有时出现省略现象而影响到该单位语法性质的判断，对其性质认定以将省略部分补充完整后的整体为对象来加以分析。如例（5）中，E3、E4 省略了介词 with，分析时应补出，认定为“并列”的“介词短语”“状语”。

（5）[C1] 去年一至十一月，内地在香港新签对外承包工程、劳务合作和设计咨询合同一千四百七十四份，/[C2] 合同金额二十点九四亿美元，//[C3] 完成营业额十五点八亿美元，//[C4] 输港派出劳务二万一千一百五十三人次。

[E1]From January to November of last year, the inland signed 1,474 new contracts for foreign contracted projects and cooperation of labor service and design consultation in Hong Kong , / [E2]with a contracted value of 2.094 billion US dollars, // [E3]a completed turnover of 1.58 billion US dollars // [E4]and 21,153 man-times of labor service sent to Hong Kong.

6.3.2 英语对应单位的语法分析体系

结合语料调研，从功能和结构上形成英语对应单位的语法性质体系(章振邦，2013）（详见 6.4 小节）。

功能上：首先，根据小句所构成整句的性质（简单句、并列句、复杂句）及其在整句中的地位，将英语小句分为句子（独立分句）、并列分句和主句、从句；其次，根据从句功能，将其分为定语和状语等；最后，根据同功能小句的数量，分为单一、并列两类。

结构上：首先，根据小句谓语动词的性质，将其分为限定式与非限定式结构；其次，将非限定式结构根据具体情况分为不定式、现在分词、过去分词、无动词、介词结构等小类。

6.4 英语对应单位的分类与统计分析

6.4.1 句子与分句

汉语小句的英语对应单位可能是句子，也可能是分句。句子具有独立的表述功能，以句号等句末点号为收尾标点，又含独句[例（6）]和句组[（例（7）]两类。分句不具独立表述功能，需联合其他分句共同构成完整的句子，以逗号等句间点号为收尾标点，又含并列分句和各种主句、从句等（见 6.4.2）。

（6）C1 建筑是开发浦东的一项主要经济活动，/ C2 这些年有数百家建筑公司、四千余个建筑工地遍布在这片热土上。

E1 Construction is a principal economic activity in developing Pudong./ E2 These years there have been several hundred construction companies and over four thousand construction sites that have spread out all over this stretch of hot turf.

（7）C1 在世界经济一体化与日俱增的环境下，各国面对全球化带来的挑战，应通过持续推行健全的经济政策以及深化结构改革来从全球化进程中最大限度地受益并把负面影响减少到最小程度。

E1 The unification of the world economy is intensifying with each passing day. Facing the challenges brought by globalization, each country should continuously implement sound economic policies and deepen structural reform so as to enjoy the most benefits from the process of globalization and to minimize the negative effects.

表 6-1 为英语对应单位的句子/分句统计分布，分析可知：汉语小句的英语对应单位分句多（1631，74.41%）、句子少（561，25.59%），前者约为后者的 3 倍。这说明汉英翻译中，汉语小句多译为英语分句。

表 6-1　汉语小句的英语对应单位的综合类别与分布

类别	频次	比例/%
分句	1631	74.41
句子/句组	561	25.59
合计	2192	100.00

6.4.2　主句与从句

汉语小句的英语对应单位可能是主句性质的，也可能是从句性质的。主句性质的语言单位既包括主从复杂句中的单一主句[例（9）]和并列主句[例（10）]（单一、并列的说明见 3.5），也包括并列分句[例（8）]及句子[例（6）]、句组[例（7）]。主句性质的分句一般都是定式结构，都可以独立成为句子。从句包括定语从句、状语从句等各类功能及不定式、现在分词等各类结构的从句 20 种（见 6.4.3、6.4.4 及表 6-1），从句性质的分句一般不能独立成为句子。

（8）[C1] 去年十月，中国进出口银行聘请日本野村证券公司作顾问， /[C2] 向日本著名的评级机构日本公社债研究所提出正式评级申请。

[E1]Last October, the Import and Export Bank of China invited Nomura Securities of Japan to be advisors,/ [E2]**and** submitted a formal assessment application to the Commune Bond Research Institute of Japan, a famous assessment institution in Japan.（并列分句）

（9）……[C1] 而是借鉴发达国家和深圳等特区的经验教训，/ [C2] 聘请国内外有关专家学者， //[C3] 积极、及时地制定和推出法规性文件, //[C4] 使这些经济活动一出现就被纳入法制轨道。

…. [E1]Instead, Pudong is taking advantage of the lessons from experience of developed countries and special regions such as Shenzhen / [E2]by hiring appropriate domestic and foreign specialists and scholars, // [E3]by actively and promptly formulating and issuing regulatory documents, // [E4]and by ensuring that these economic activities are incorporated into the sphere of influence of the legal system as soon as they appear. （单一主句）

（10）C1 当前经济的关键不是争取更高的增长速度// C2 而是调整结构，提高效益，/ C3 以使一九九三年下半年以来实行的宏观调控取得更大成果，// C4 把国民经济推上一条持续、快速、健康发展之路。

E1The key of the current economy is not striving for a higher growth rate, //E2but is adjusting structures and increasing benefits, /E3so as to make macro controls which were implemented from the second half year of 1993 obtain greater achievements //E4and push the national economy onto a road of constant, rapid and healthy development. (并列主句)

表 6-2 为汉语小句的英语对应单位的主句/从句功能统计分布，分析可知：汉语小句的英语对应单位以主句为多（1719，78.42%）、以从句为少（473，21.58%），前者约为后者的 4 倍。这说明汉英翻译中，汉语小句多数情况下译为英语的主句，少数情况下译为英语的从句。

表 6-2 汉语小句的英语对应单位的主句/从句的统计分布

类别	频次	比例/%
主句	1719	78.42
从句	473	21.58
合计	2192	100.00

6.4.3 从句功能：状语与定语

语料中，汉语小句对应英语从句的功能有状语从句[例（11）、例（12）]和定语从句[例（13）、例（14）]。

（11）C1 如果亚洲的经济形势恶化或者金融危机对外界的影响增大，/ C2 全球原油需求量的增长幅度可能会进一步缩小。

E1If the Asian economic situation deteriorates or the outside influence of the financial crisis becomes larger, /E2the growth rate of worldwide demand for crude oil may possibly further decrease .（单一状语从句）

（12）C1 由于茅台酒制作工艺复杂，/ C2 生产周期长，/ C3 因而其产量十分有限。

E1 Because the art of manufacturing Mao-tai is complicated //E2 and its production cycle is long, /E3 the output of Mao-tai is extremely limited.（并列状语从句）

（13）C1 中国进出口银行最近在日本取得债券信用等级 A A －，/ C2 这是日本金融市场当前对中国银行的最高债券评级。

E1 Recently, the Import and Export Bank of China won a bond credit rating of AA-in Japan, / E2 which is currently the highest bond rating given to a Chinese bank by the Japanese financial market.（单一定语从句）

（14）C1 据统计，在目前已投产外资大企业的主要产品中，有一百零二个品牌，/C2 其中国外品牌五十二个，// C3 国内品牌五十个。

E1 According to statistics, among the main products of large foreign funded enterprises that have currently been put into production, there are 102 brands,/ E2 of which 52 are foreign brands// E3 and 50 are domestic brands.（并列定语从句）

表 6-3 为汉语小句所对应的英语从句的状语/定语的统计分布，分析可知：汉语小句对应的英语从句中，以状语从句为多（392，82.88%）、定语从句为少（81，17.12%），前者约为后者的 5 倍。这说明汉语小句如翻译为英语从句，多数译为状语从句，少数译为定语从句。

表 6-3 汉语小句所对应的英语从句中状语/定语的统计分布

类别	频次	比例/%
状语从句	392	82.88
定语从句	81	17.12
合计	473	100.00

6.4.4 从句结构：限定与非限定

根据核心动词的情况，英语从句可分为限定式与非限定式，其中限定式的核心动词有时态变化[例（11）—例(14）]，非限定式的核心动词无时态变化或省略。非限定式又分为不定式[例（15）]、现在分词[例（16）]、过去分词[例（17）]等动词形式及无动词[例（18）]、独立主格结构[例（19）]和介词短语[例（20）]等结构形式。

（15）C1 进出口银行决定先在日本取得信用评级是为进入国际资本市场融资创造作准备，/C2 以便扩大资金来源。

E1The reason behind the decision by the Import and Export Bank of China to obtain a credit rating in Japan first is to prepare for entry into the international capital market for financing,/ E2so as to expand sources of funds.（不定式）

（16）据统计，C1 目前在纽约证交所上市的外国企业已达 340 多家，/C2 为 5 年前的三倍。

E1According to statistics, currently, foreign enterprises listed on the New York Stock Exchange have reached more than 340, / E2tripling the figure 5 years ago .（现在分词）

（17）C1 在经营方面，C2 该行加强了存款工作，/C3 使人民币存款的增幅回升，/C4 同时通过签订银企合作协议和加强对大客户服务等方式，发展有潜力的优质客户。

E1Regarding operations, this bank strengthened deposit work, / E2made RMB deposit growth rate come back, / E3at the same time, through methods such as signing bank-enterprise cooperation agreements and strengthening services to major clients, etc, E4developed potential high grade clients.（过去分词）

（18）C1 东亚首脑非正式会晤在历史上尚属首次，C2 这是一个良好的开端。

E1This informal meeting of heads of Eastern Asian countries, the first time in history, E2is a good start.（无动词）

（19）[C1] 报告说，[C2]1997 年是经济转轨国家自停止实行中央计划经济以来的第一个经济增长年份，/ [C3] 增长率达百分之一点七，/ [C4]1998 年预计增长百分之三点二五。

[E1]The report said that 1997 was the first year of economic growth for those countries with transitioning economies since they had stopped implementing centrally planned economies, [E2]the rate reaching 1.7%, [E3]and estimated to grow by 3.25 % for 1998.（独立主格结构）

（20）[C1] 镍被称作“现代工业的维生素”，/[C2] 其合金有三千多种，/ [C3] 是发展航天、航空、军事和现代科技的特需材料。

[E1]Nickel, called the “vitamin of modern industry”, [E2]and with more than 3000 varieties of alloy, [E3] it is the material specially required to develop space-flight, aviation, military and modern science and technology.（介词短语）

表 6-4 为汉语小句对应的英语从句的限定/非限定统计分布，分析可知:

（1）英语从句以非限定式为多（358，75.69%）、限定式为少（115，24.31%），前者约为后者的 3 倍。这说明，汉语小句如翻译为英语从句，结构上以非限定式为主，以限定式为次。

（2）非限定性从句中，现在分词结构最多（164，45.81%），其次为不定式结构（84，23.46%）和介词短语（70，19.55%），以上 3 类占非限定从句总量的 88.82%。数量较少的是无动词结构（28，7.82%）和过去分词结构（8，2.23%），独立结构最少（4，1.12%），这 3 类占非限定从句总量的 11.18%。这说明，汉语小句翻译为英语的非限定性从句以现在分词结构、不定式结构、介词短语为主，而以无动词结构、过去分词结构、独立结构等为次。

表 6-4　汉语小句对应的英语从句的限定/非限定的统计分布

结构		频次	比例 1/%	比例 2/%
限定式		115	24.31	0
非限定式	现在分词	164	34.67	45.81
	不定式	84	17.76	23.46

续表

结构		频次	比例 1/%	比例 2/%
非限定式	介词短语	70	14.80	19.55
	无动词	28	5.92	7.82
	过去分词	8	1.69	2.23
	独立结构	4	0.85	1.12
	句组	0	0	0
合计		473	100.00	100.00

6.4.5 单一与并列

根据功能相同的小句数量，将英语小句分为单一和并列两种类型，其中单一指某一性质的英语小句仅为 1 个，并列指同一功能的英语小句有 2 个或以上。单一的有句子[例（8）]、单一主句[例（9）]、单一状语从句[例（11）]和单一定语分句[例（13）]；并列的有并列分句[例（8）]、并列主句[例（10）]、并列状语从句[例（12）]和并列定语从句[例（14）]等。

如表 6-5，统计发现：

（1）就小句的单一/并列整体分布而言，小句单一（1143，52.14%）略多于小句并列（1049，47.86%）。

（2）就主句的单一/并列而言，主句并列（922，53.64%）较之主句单一（797，46.36%）为多。

（3）就从句的单一/并列而言，从句单一（346，73.15%）远多于从句并列（127，26.85%），前者几乎是后者的 3 倍。

表 6-5 英语小句的单一/并列分布

类型	单一		并列		合计	
	频次	比例/%	频次	比例/%	频次	比例/%
主句	797	46.36	922	53.64	1719	100.00
从句	346	73.15	127	26.85	473	100.00
合计	1143	52.14	1049	47.86	2192	100.00

6.4.6　总体分析

1）综合类别分布。英语对应单位的结构与功能综合类别共 25 类，分布见表 6-6。

（1）高频分布（>10%）：共 4 类，依次为：并列分句(673，30.70%)、独立分句（560，25.54%）、并列主句（249，11.36%）、单一主句（236，10.77%）。4 类共占总体分布的 78.38%，远多于其他类小句。与其他语法类（句组除外）相比，这 4 类小句均为主句性的，见表 6-2。

（2）中频分布（1%—10%）：共 8 类，均为从句性的，主要有现在分词单一状语（121，5.52%）、限定式单一定语（64，2.92%）、不定式单一状语（46，2.10%）等。8 类共占总体的 18.93%，其中状语从句 7 种，占总体的 16.01%；定语从句 1 种，占总体的 2.92%。

（3）低频分布（<1%）：共 13 类，占总体分布的 2.69%。13 类中，除句组外，其余 12 类均为从句性的。其中，状语从句、定语从句各 6 类，最多为无动词单一状语（21，0.96%），最少为 ing 独立结构单一状语、过去分词并列定语、介词短语并列定语（1，0.05%）。

表 6-6　英语对应单位的综合类别与分布

分布频段	类别	数量	比例/%	分布频段	类别	数量	比例/%
高频使用（>10%）	并列分句	673	30.70	中频使用（1%—10%）	现在分词并列状语	40	1.82
	句子（独立分句）	560	25.55		不定式并列状语	38	1.73
	并列主句	249	11.36		限定式单一状语	37	1.69
	单一主句	236	10.77		介词短语并列状语	25	1.14
中频使用（1%—10%）	现在分词单一状语	121	5.52	低频使用（<1%）	无动词单一状语	21	0.96
	限定式单一定语	64	2.92		限定式并列定语	8	0.36
	不定式单一状语	46	2.10		限定式并列状语	6	0.27
	介词短语单一状语	44	2.01		过去分词单一状语	5	0.23

续表

分布频段	类别	数量	比例/%	分布频段	类别	数量	比例/%
低频使用（<1%）	无动词并列状语	5	0.23	低频使用（<1%）	ing 独立结构单一状语	1	0.05
	ing 独立结构并列状语	3	0.14		过去分词并列定语	1	0.05
	现在分词单一定语	3	0.14		介词短语并列定语	1	0.05
	过去分词单一定语	2	0.09		句组	1	0.05
	无动词单一定语	2	0.09		总计	2192	100.00

2）语法特征分布。英语对应单位的结构功能分布见表 6-7。

整体而言，呈现两个特点：

（1）数量上：主句性单位有 1719 个，占 78.42%；从句性单位有 473，占 21.58%；前者接近后者的 4 倍。由此，主句性单位的翻译是汉英翻译的重点。

（2）结构与功能复杂性上：主句性单位较从句性单位复杂。表现在：第一，结构上，主句性单位核心动词均为定式动词，而从句性单位则有现在分词、不定式等多种形式。第二，功能上，各类主句性单位，无论并列分句、主句（复杂句内）一般都可以独立成句，并无根本差异；而从句却有状语、定语等根本差别。由此，从句性单位的翻译是汉英翻译的难点。

表 6-7　英语对应单位的结构、功能特征与分布

功能 结构	主句性				从句性				总计
	句子(独立分句)	并列分句	主句（复杂句内）		状语		定语		
	单一	并列	单一	并列	单一	并列	单一	并列	
限定式	560	673	236	249	37	6	64	8	1833
现在分词	0	0	0	0	121	40	3	0	164
不定式	0	0	0	0	46	38	0	0	84
介词短语	0	0	0	0	44	25	0	1	70
无动词	0	0	0	0	21	5	2	0	28
过去分词	0	0	0	0	5	0	2	1	8

续表

<table>
<tr><td rowspan="3">功能
结构</td><td colspan="4">主句性</td><td colspan="4">从句性</td><td rowspan="3">总计</td></tr>
<tr><td>句子
(独立分句)</td><td>并列
分句</td><td colspan="2">主句
（复杂句内）</td><td colspan="2">状语</td><td colspan="2">定语</td></tr>
<tr><td>单一</td><td>并列</td><td>单一</td><td>并列</td><td>单一</td><td>并列</td><td>单一</td><td>并列</td></tr>
<tr><td>独立结构</td><td>0</td><td>0</td><td>0</td><td>0</td><td>1</td><td>3</td><td>0</td><td>0</td><td>4</td></tr>
<tr><td>句组</td><td>1</td><td>0</td><td>0</td><td>0</td><td>0</td><td>0</td><td>0</td><td>0</td><td>1</td></tr>
<tr><td rowspan="2">总计</td><td>561</td><td>673</td><td>236</td><td>249</td><td>275</td><td>117</td><td>71</td><td>10</td><td rowspan="2">2192</td></tr>
<tr><td colspan="4">1719</td><td colspan="4">473</td></tr>
</table>

6.5　说明及进一步工作

（1）所研究小句对齐语料为汉–英翻译方向，即汉语为源语，英语为目的语。主要考虑是：第一，汉英小句的结构与形态有重要差异，汉译英和英译汉的小句转换并不相同，由此，有必要区分翻译方向来构建小句对齐。第二，首先构建汉英方向的小句对齐语料，是因为汉语小句及篇章结构方面已有前期实践研究，可以较好把握，也便于从汉语小句出发寻找英语对应单位，而对于英语小句至少从实践上还没有很好的认识。另外，也与标注者是汉语母语者，对于汉语更容易理解和把握有关。第三，下一步工作中，也将构建英汉翻译方向上的小句对齐语料库，思路同汉英小句对齐标注，具体为：在英汉平行语料上，切分出英语小句，以英语小句为标准对齐切分出汉语对应单位，形成英汉小句对齐语料库，该语料将对指导英汉小句转换有所作用。需要指出，由于有汉英小句对齐语料库上的英语对应单位研究，不难以此为基础提出具有操作性的英语小句定义。

（2）仅标注并汇报汉英小句对齐语料中英语对应单位的语法性质，这对于指导汉语小句选择何种形式的英语小句进行转换有一定意义，不过，汉语小句在何种形式下选择何种英语小句仍然未知。为此，在本工作之后，也将对汉英小句对齐语料中的汉语小句进行语法性质标注，并专门论述汉语的何种小句选择英语的何种对应单位。

（3）汉英小句对齐语料库的创建基于汉英篇章结构对齐语料库的整体理论框架及标注平台，汉英小句对齐也是汉英篇章结构对齐的基础部分，而英语对应单位的语法标注也是篇章结构视野下的篇章-句法联合标注。小句对齐与其语法标注及基于其上的篇章结构对齐语料库的创建共同服务于汉英篇章机器翻译及语言对比等研究。笔者在下一步的工作中将进一步完善和扩大汉英小句对齐语料库及汉英篇章结构对齐语料库，并同时开展英汉小句对齐语料库及英汉篇章结构对齐语料库的研制，从而为汉英/英汉篇章机器翻译及语言对比研究等奠定语料基础。

第7章

法律文本中表条件的“的”字结构的英译[①]

7.1 引　　言

7.1.1 法律文本中表条件的“的”字结构

法律文本中有一种特殊的“的”字结构，其与一般的“的”字结构（朱德熙，2001；黄伯荣和廖序东，2011）有重要不同。

第一，形式上，“的”后有停顿，一般为逗号[例（1）—例（3）]。而一般的“的”字结构后没有停顿（位于句末除外）[例（4）、例（5）]：

（1）民事活动必须遵守法律，法律没有规定[的，][②]应当遵守国家政策。

（2）代理人和第三人串通，损害被代理人的利益[的，]由代理人和第三人负连带责任。

（3）对承担民事责任的公民、法人需要追究行政责任[的，]应当追究行政责任；

（4）他听到[的]是海潮的声音。（短语·的）

（5）少不了吃[的]（动·的）

第二，语法结构上，“的”字结构由“(*NP+VP)+的”构成，即由“主谓结构+的”构成，其中主谓结构可以是单个[例（1）]，也可以是多个[例

① 本章主要内容在《中文信息学报》发表，见冯文贺（2019）。

② 本章举例中，“的”字结构及其英语对应单位均用下划线标出。

（2）]，而其中的NP或主语往往可以省略[例（3）]。

第三，语法功能上，“的”字结构不作相关句法结构的句法成分，而往往可以去掉“的”而独立成句。而一般的“的”字结构在整个句子中充当特定的句法成分，如主语[例（4）]、宾语[例（5）]，且去掉“的”后，不能独立成句。

第四，语义功能上，表条件，一般可直接转换为条件句。如例（1）—例（3）可转换为由“如果……（那么）……”引导的条件假设句[例（1）’—例（3）’]。而一般的“的”字结构，则不可能这样转换[例（4）’、例（5）’]。

（1）’民事活动必须遵守法律，如果法律没有规定，应当遵守国家政策。（√）

（2）’如果代理人和第三人串通，损害被代理人的利益，由代理人和第三人负连带责任。（√）

（3）’如果对承担民事责任的公民、法人需要追究行政责任，应当追究行政责任；（√）

（4）’如果他听到，是海潮的声音。（×）

（5）’少不了，如果吃。（×）

法律文本中这种表条件的“的”字结构，特别适合法律条文“法定条件-法律后果”的模式表达，由此具有普遍性和高频性，它广泛存在于各类法律文本，又高频使用于各个法律条文的表达。据考察，《民法通则》共有156条，其中这种“的”字结构137处，每条使用表条件的“的”约0.88个。

7.1.2　法律文本中表条件的“的”字结构的英译语料及分析

法律文本翻译是重要的领域翻译。由于“的”字结构在法律条文表达上的模式化，其翻译规律的发现也就更具应用价值。以往对法律文本中的“的”字结构翻译已有一些研究，但多数是“的”字结构英译的一些简单描述性分类及一些初步统计（索燕京和张宁，2008；全小艳和陈伟，2012；胡红玲，2014；徐优平和张淑娅，2014；林克难和籍明文，2002）。这对于深刻揭示“的”字结构的英译规律还有所不足。

本章对法律文本表条件的“的”字结构的英译进行较为细致的分类描写，并进行相应的统计分析，从而更深刻地考察“的”字结构译为什么的问题。相关研究基于语料库方法。以《中华人民共和国民法通则》（以下简称《民法通则》）的汉英平行文本为语料[①]（共 23 645 个汉英字词）。首先，找出其中表示条件的“的”字结构，共 137 处；其次，对照汉英平行文本，找出对应的“的”字结构英译及其所在的整体；再次，从功能、结构和引导词三个方面对“的”字结构的英译进行分析与标注，建立标注数据库；最后，统计分析“的”字结构英译的结构、功能、引导词及其交叉分布。

7.2　“的”字结构英语对应单位的确定

“的”字结构的英语对应单位的确定是进一步语料分析与研究的基础。对“的”字结构英语对应单位的确定主要考虑以下方面：

第一，优先考虑形式标记。“的”字结构英语对应单位所表达的条件句与相关结果句间有分隔标记，则以分隔标记作为切分点。分隔标记主要是标点符号与相关引导词，如例（6）英语条件句以“if”开头，以逗号结尾。

（6）合同对专利申请权没有约定[的，]完成发明创造的当事人享有申请权。

If the contract **does** not contain an agreed term regarding rights to patent application, any party who has completed an invention-creation shall have the right to apply for a patent.

（7）公民、法人违反合同或者不履行其他义务[的，]应当承担民事责任。

Citizens and legal persons **who breach** a contract or **fail** to fulfil other obligations shall bear civil liability.

① 汉英平行语料来源于法律教育网（http://www.chinalawedu.com)。

（8）<u>对承担民事责任的公民、法人需要追究行政责任[的，]</u>应当追究行政责任；

Citizens or legal persons who bear civil liability shall also be held for administrative responsibility **<u>if necessary</u>**.

第二，尽可能保证所切分结果语法结构的完整性与独立性。如例（7），“的”字结构的英译标注为 who 引导的定语从句，因为 “Citizens and legal persons shall bear civil liability”是一个结构完整的主句，而 who 引导的定语从句也具有相对结构完整性与独立性。

第三，英语对应单位的切分是线性序列上的最佳语义对应单位。“的”字结构的英语对应单位可能和“的”结构的语义完全对等，如例（6）；但也可能不完全对等，如例（7）、例（8），例（7）中，没有出现汉语“公民、法人”的直接翻译，例（8）中则除了“需要”有所翻译外，其他均没有从字面上得到翻译。但在例（7）、例（8）中仍以画线部分为线性序列上“的”字结构的最佳语义对应单位。其中，例（7）的 who 可以认为在语义上指代了 “Citizens and legal persons/公民与法人”，而例（8）中可以认为由语法上的承前省略造成。

根据以上原则，从《民法通则》的英译本确立“的”字结构的英语对应单位 137 处，对其进行语法分析与标注。

7.3 “的”字结构英译分析与统计

对“的”字结构英语对应单位主要从功能、结构及引导词上进行分析与标注，以此查看其统计与分布情况。

7.3.1 功能：状语与定语

根据考察，“的”字结构对应英语小句的功能有状语和定语两种情况。

1）状语

功能上，状语修饰动词、形容词、副词以及全句。结构上，状语可由从句充当，如例（9），也可由短语充当，如例（10）。

（9）监护人不履行监护职责或者侵害被监护人的合法权益[的，]应当承担责任；给被监护人造成财产损失[的，]应当赔偿损失。

If a guardian **does** not fulfil his duties as guardian or infringes upon the lawful rights and interests of his ward, he shall be held responsible; **if** a guardian **causes** any property loss for his ward, he shall compensate for such loss.（状语，从句，一般现在时，if）

（10）有下列情形之一[的，]法定代理或者指定代理终止：

A statutory or appointed agency shall end **under** any of the following **circumstances**:（状语，短语，非限定式，under…circumstances）

2）定语

功能上，定语修饰名词成分。结构上，定语既可由从句充当，如例（11），也可由短语充当，如例（12）。

（11）违反国家保护环境防止污染的规定，污染环境造成他人损害[的，]应当依法承担民事责任。

Any person **who pollutes** the environment and **causes** damage to others in violation of state provisions for environmental protection and the prevention of pollution shall bear civil liability in accordance with the law.（定语，从句，一般现在时，who）

（12）已经属于乡（镇）农民集体经济组织所有[的，]可以属于乡（镇）农民集体所有。

Land already **under** the ownership of the township (town) peasants' collective economic organizations may be collectively owned by the peasants of the township (town).（定语，短语，非限定式，无形式标记）

据考察，当界定履行权利和义务的条件、方式、地点和时间等时，“的”字结构多译为状语；当界定名词性词语的内涵和外延，以此来规定公民的权利和义务，规范社会生活的各个方面时，“的”字结构多译为定语。

统计分析可知：（1）“的”字结构对应的英语翻译中，以状语为多（117，85.40%），定语为少（20，14.60%），前者约为后者的 6 倍；（2）状语/定语中以从句为多（126，91.97%），短语为少（11，8.03%），前者约为后者的 11 倍。见表 7-1。

表 7-1　状语/定语的统计（频次）

分类	状语	定语	总计
从句	109	17	126
短语	8	3	11
总计	117	20	137

7.3.2　结构：限定与非限定

根据核心动词的情况，“的”字结构的英译可分为限定式与非限定式，其中限定式的核心动词有时态变化，非限定式的核心动词无时态变化或省略。

1）限定式

限定式可以是一般现在时，如例（9）、例（11），又如例（13）；也可以是一般过去时，如例（14）。

（13）质量要求不明确[的，]按照国家质量标准履行，没有国家质量标准[的，]按照通常标准履行。

If quality requirements **are** unclear, state quality standards shall apply; if there **are** no state quality standards, generally held standards shall apply.（状语，从句，一般现在时，if）

（14）如果危险是由自然原因引起[的，]紧急避险人不承担民事责任或者承担适当的民事责任。

If the danger **arose** from natural causes, the person who took the emergency actions may either be exempt from civil liability or bear civil liability to an appropriate extent.（状语，从句，一般过去时，if）

2）非限定式

非限定式可以是现在分词[例（15）]、过去分词[例（16）]等动词形式及省略[例（8）]和介词短语[例（10）、例（17）]等形式。

（15）侵占国家的、集体的财产或者他人财产[的，]应当返还财产，不能返还财产[的，]应当折价赔偿。

Anyone who encroaches on the property of the state, a collective or another person shall return the property;（ ）**failing** that, he shall reimburse its estimated price.（定语，从句，现在分词，引导词省略 who）

（16）自治区人民代表大会制定[的，]依照法律规定报全国人民代表大会常务委员会批准或者备案；自治州、自治县人民代表大会制定[的，]报省、自治区人民代表大会常务委员会批准。

Those （ ）**formulated** by the people's congresses of autonomous regions shall be submitted in accordance with the law to the Standing Committee of the National People's Congress for approval or for the record. Those （ ）**formulated** by the people's congresses of autonomous prefectures or autonomous counties shall be submitted to the standing committee of the people's congress in the relevant province or autonomous region for approval.（定语，从句，过去分词，引导词省略 which）

（17）公民有下列情形之一[的，]利害关系人可以向人民法院申请宣告他死亡：

Under either of the following circumstances, an interested person may apply to the people's court for a declaration of a citizen's death:（状语，介词短语）

统计可知：（1）“的”字结构对应的英语小句中，以限定式为多（120，87.59%），非限定式为少（17，12.41%），前者约为后者的 7 倍。（2）“的”字结构对应的英语小句中，以一般现在时为多（119，86.86%），其他结构较少（18，13.14%），前者约为后者的7倍。见表7-2。

表 7-2　限定/非限定的统计分布（频次）

分类	一般现在时	一般过去时	现在分词	过去分词	介词短语	动词省略	总计
限定式	119	1	0	0	0	0	120
非限定式	0	0	2	3	11	1	17

7.3.3　功能与结构交叉分析

1）状语与结构

状语与结构分为：状语与一般现在时，如例（9）、例（13），又如例（18）；状语与一般过去时，如例（14）；状语与介词短语，如例（10）、例（17），又如例（19）；状语与省略，如例（8）：

（18）没有第一款、第二款规定的监护人[的，]由未成年人的父、母的所在单位或者未成年人住所地的居民委员会、村民委员会或者民政部门担任监护人。

If none of the persons listed in the first two paragraphs of this article **is** available to be the guardian, the units of the minor's parents, the neighbourhood or village committee in the place of the minor's residence or the civil affairs department shall act as his guardian.（状语，从句，一般现在时）

（19）对担任监护人有争议[的，]由未成年人的父、母的所在单位或者未成年人住所地的居民委员会、村民委员会在近亲属中指定。

In case of a dispute over guardianship, the units of the minor's parents or the neighbourhood or village committee in the place of his residence shall appoint a guardian from among the minor's near relatives.（状语，介词短语）

2）定语与结构

定语与结构分为：定语与一般现在时，如例（11）、例（20）；定语与现在分词，如例（15）；定语与过去分词，如例（16）、例（21）；定语与介词短语，如例（12）、例（22）：

（20）不动产的相邻各方，应当按照有利生产、方便生活、团结互助、公平合理的精神，正确处理截水、排水、通行、通风、采光等方面的相邻关系。给相邻方造成妨碍或者损失[的，]应当停止侵害，排除妨碍，赔偿损失。

In the spirit of helping production, making things convenient for people's lives, enhancing unity and mutual assistance, and being fair and reasonable, neighbouring users of real estate shall maintain proper neighbourly relations over such matters as water supply, drainage, passageway, ventilation and lighting. Anyone **who causes** obstruction or damage to his neighbour, shall stop the infringement, eliminate the obstruction and compensate for the damage.（定语，一般现在时）

（21）按照合同或者其他合法方式取得财产[的，]财产所有权从财产交付时起转移，法律另有规定的或者当事人另有约定的除外。

Unless the law stipulates otherwise or the parties concerned have agreed on other arrangements, the ownership of property ( ) **obtained** by contract or by other lawful means shall be transferred simultaneously with the property itself.（定语，过去分词）

（22）法人的名称权、名誉权、荣誉权受到侵害[的，]适用前款规定。

The above paragraph shall also apply to infringements **upon** a legal person's right of name, reputation or honour.（定语，介词短语）

由表 7-3 分析可知:

（1）“的”字结构对应的英语小句-状语中，限定式较多（107，91.45%）、非限定式较少（10，8.55%）；

（2）“的”字结构对应的英语小句-定语中，限定式较多（13，65.00%）、非限定式较少（7，35.00%）；

（3）限定式结构中，状语所占比例大（107，89.17%），定语所占比例较小（13，10.83%）；

（4）非限定式结构中，状语所占比例大（10，58.82%），定语所占比例较小（7，41.18%）。

表 7-3 功能与结构统计分布

<table>
<tr><th colspan="2" rowspan="3">结构</th><th colspan="6">功能</th><th rowspan="3">总计</th></tr>
<tr><th colspan="3">状语</th><th colspan="3">定语</th></tr>
<tr><th>频次</th><th>纵比/%</th><th>横比/%</th><th>频次</th><th>纵比/%</th><th>横比/%</th></tr>
<tr><td rowspan="2">限定式</td><td>一般现在时</td><td>106</td><td>90.60</td><td>89.08</td><td>13</td><td>65.00</td><td>10.92</td><td>119</td></tr>
<tr><td>一般过去时</td><td>1</td><td>0.85</td><td>100.00</td><td>0</td><td>0</td><td>0</td><td>1</td></tr>
<tr><td colspan="2">小计</td><td>107</td><td>91.45</td><td>89.17</td><td>13</td><td>65.00</td><td>10.83</td><td>120</td></tr>
<tr><td rowspan="4">非限定式</td><td>现在分词</td><td>1</td><td>0.85</td><td>50.00</td><td>1</td><td>5.00</td><td>50.00</td><td>2</td></tr>
<tr><td>过去分词</td><td>0</td><td>0</td><td>0</td><td>3</td><td>15.00</td><td>100.00</td><td>3</td></tr>
<tr><td>介词短语</td><td>8</td><td>6.84</td><td>72.73</td><td>3</td><td>15.00</td><td>27.27</td><td>11</td></tr>
<tr><td>动词省略</td><td>1</td><td>0.85</td><td>100.00</td><td>0</td><td>0</td><td>0</td><td>1</td></tr>
<tr><td colspan="2">小计</td><td>10</td><td>8.55</td><td>58.82</td><td>7</td><td>35.00</td><td>41.18</td><td>17</td></tr>
<tr><td colspan="2">总计</td><td>117</td><td>100.00</td><td>85.40</td><td>20</td><td>100.00</td><td>14.60</td><td>137</td></tr>
</table>

7.3.4 引导词

1. 状语引导词

状语引导词既标记结构语法性质又标记条件语义关系。一般与“的”有对译关系。

A. “if”

（23）期间的最后一天是星期日或者其他法定休假日[的，]以休假日的次日为期间的最后一天。

If the last day of a time period **falls** on a Sunday or an official holiday, the day after the holiday shall be taken as the last day.

B. “when”

规定按照小时计算期间[的，]从规定时开始计算。规定按照日、月、年计算期间[的，]开始的当天不算入，从下一天开始计算。

When a time period is prescribed in hours, calculation of the period shall begin on the prescribed hour. **When** a time period is prescribed in days, months and years, the day on which the period begins shall not be counted as within the period; calculation shall begin on the next day.

C. “where”

通常情况下“where...”句型可替代“if...”句型表示条件关系，不同之处在于，“where...”引导的多是特殊情况。例如：

（24）民事活动必须遵守法律，法律没有规定[的，]应当遵守国家政策。

Civil activities must be in compliance with the law; **where** there are no relevant provisions in the law, they shall be in compliance with state policies.

D. 介词短语

主要有：in case of、under...circumstances。

① “in case of”

（25）代管有争议[的，]没有以上规定的人或者以上规定的人无能力代管的，由人民法院指定的人代管。

In case of a dispute over custody, if the persons stipulated above are unavailable or are incapable of taking such custody, the property shall be placed in the custody of a person appointed by the people's court.

② “under...circumstances”

可以出现在结果句后，如例（10）、例（26），也可以出现在结果句前，如例（17）、例（27）：

（26）有下列情形之一[的，]委托代理终止：

An entrusted agency shall end **under any of the following circumstances**:

（27）企业法人有下列情形之一[的，]除法人承担责任外，对法定代表人可以给予行政处分、罚款，构成犯罪的，依法追究刑事责任：

Under any of the following circumstances, an enterprise as legal person shall bear liability, its legal representative may additionally be given administrative sanctions and fined and, if the offence constitutes a crime, criminal responsibility shall be investigated in accordance with the law:

据考察：

（1）状语从句中，引导词 if 可以替换为 where、when；

（2）where、when 引导的状语从句与 if 相比，where、when 句式的内容显得客观，也更庄重、严谨。

2. 定语引导词

英语定语引导词标志结构的语法性质，跟在所修饰或限定的主句主语或宾语后面，在整个长句中起到连接“的”字结构的英译与英语主句的桥梁作用。

A. “who”

（28）公民、法人违反合同或者不履行其他义务[的，]应当承担民事责任。

Citizens and legal persons **who** breach a contract or fail to fulfil other obligations shall bear civil liability.

B. “whose”

（29）十六周岁以上不满十八周岁的公民，以自己的劳动收入为主要生活来源[的，]视为完全民事行为能力人。

A citizen **who** has reached the age of 16 but not the age of 18 and **whose** main source of income is his own labour shall be regarded as a person with full capacity for civil conduct.

C. “which”

（30）中华人民共和国法律和中华人民共和国缔结或者参加的国际条约

没有规定[的，]可以适用国际惯例。

International practice may be applied to matters for **which** neither the law of the People's Republic of China nor any international treaty concluded or acceded to by the People's Republic of China has any provisions.

D. 引导词省略

上文的例（15）、例（16）和例（21）的引导词都已省略。例（16）英译文本中的formulated 可扩展为be formulated by。非谓语动词大都可以替换为定语从句，可以补上引导词 which，转换为 which 引导的定语从句。

另外，还有一些“的”字结构无形式标记，如例（31）中“的”字结构的英译为整个下划线部分，是完整的主语，并无任何形式上的标记。

（31）依照本章规定适用外国法律或者国际惯例[的，]不得违背中华人民共和国的社会公共利益。

The application of foreign laws or international practice in accordance with the provisions of this chapter shall not violate the public interest of the People's Republic of China.

表 7-4 统计表明，“的”字结构英语对应单位的引导词分布为：（1）状语引导词中，if 最多（101，86.32%），when 其次（6，5.13%），under...circumstances 再次（5，4.27%），其他较少；（2）定语引导词中，who 最多（12，60.00%），whose 等其他均比较少。

表 7-4　引导词的统计分布

功能	引导词	频次	比例 1/%	比例 2/%
状语	if	101	73.72	86.32
	when	6	4.38	5.13
	where	1	0.73	0.85
	Under...circumstances	5	3.65	4.27
	in case of	3	2.19	2.56
	省略	1	0.73	0.85
	小计	117	85.40	100.00

续表

功能	引导词	频次	比例 1/%	比例 2/%
定语	who	12	8.76	60.00
	whose	1	0.73	5.00
	which	1	0.73	5.00
	upon	1	0.73	5.00
	under	1	0.73	5.00
	省略	3	2.19	15.00
	无标记	1	0.73	5.00
	小计	20	14.60	100.00
合计		137	100.00	

7.4 从翻译看“的”字结构的性质

法律文本中特殊“的”字结构是何种语法性质，“的”又是何种性质？董秀芳（2003）从汉语本体角度分析认为，该类结构是“‘的’字短语”作“后置关系小句”，修饰其前的名词中心语，即构成“NP+VP的”的结构，其中的“VP的”为其所指“的”字结构。

由此看来，“的”字结构由“(NP+VP)+的”构成，其中NP往往可以省略。从语法性质上，“的”字结构是小句，而非短语，而在功能上与相关句发生条件-结果关系。这种认识很大程度上可以从“的”字结构的英译中得到印证，即在英译中，大多数“的”字结构译为小句，而非短语，且是独立性较高的状语从句，而非定语从句。

而“的”的性质，很大程度上可以认定为：

（1）语法上，是篇章连接词，连接两个篇章单位（多是小句）；

（2）语义上，表示篇章单位间的因果关系。很明显，这种“的”与一般的起句法结构标志作用的“的”有着根本不同。

7.5　结论及进一步工作

7.5.1　结论

法律文本的“的”字结构具有特别性。形式上，“的”字结构的“的”后有标点符号，一般为逗号；语法上，去掉“的”后，可独立成句，不作前后句法成分；语义上，表条件。

通过考察《民法通则》中表条件的“的”字结构的英译及其分布，发现：

（1）功能上：“的”字结构对应的英语翻译中，①以状语为多（117，85.40%），定语为少（20，14.60%），前者约为后者的 6 倍；②状语/定语中以从句为多（126，91.97%），短语为少（11，8.03%），前者约为后者的 11 倍。这说明法律文本的“的”字结构如翻译为英语，多数译为状语从句，少数译为定语从句。

（2）结构上：“的”字结构对应的英语小句中，①以限定式为多（120，87.59%），非限定式为少（17，12.41%），前者约为后者的 7 倍；②以一般现在时为多（119，86.86%），其他结构较少（18，13.14%），前者约为后者的 7 倍。这说明，“的”字结构如翻译为英语小句，结构上以限定式为主，以非限定式为次。限定式有一般现在时和一般过去时；非限定式有现在分词、过去分词、介词短语以及省略等多种形式，其中又以一般现在时应用频率最高。

（3）功能与结构：①“的”字结构对应的英语小句–状语中，限定式较多（107，91.45%），非限定式较少（10，8.55%）；②“的”字结构对应的英语小句–定语中，限定式较多（13，65.00%），非限定式较少（7，35.00%）；③限定式结构中，状语所占比例大（107，89.17%），定语所占比例较小（13，10.83%）；④非限定式结构中，状语所占比例大（10，58.82%），定语所占比例较小（7，41.18%），但二者的差距较限定结构中的差距缩小。

（4）引导词上：汉语法律文本的“的”字结构如翻译为英语小句，

①状语引导词以 if 为主（101，86.32%），以其他引导词为次；②定语引导词以 who 为主（12，60.00%），其他引导词为次；③引导词很大程度上和“的”具有对译关系，且表条件。

结合“的”字结构英语对应单位的分析及汉语本体分析，可以认为，汉语法律文本中表条件的“的”字结构，语法性质上是小句，而非短语；而其中的“的”是表条件的篇章连接词。

7.5.2 进一步工作

小句是篇章翻译的基本单位，基于小句的翻译模型是篇章机器翻译研究的重要课题。相应地，基于小句的双语对齐语料库与语法标注库的研制与分析就成为面向篇章机器翻译的重要基础性课题。（宋柔和葛诗利，2015；Feng et al.，2016)

双语小句对齐语料库的研制中，小句的确定是一个基础问题，而汉语小句的确定尤其困难（宋柔等，2017），而在特殊领域（如法律领域），小句确定更不同于一般文本。在研制汉英小句对齐语料库与语法标注库的过程中，笔者发现，借助双语对应可以更深刻地看清一些语言单位的性质。例如，通过英语对应单位的分析，发现最好把汉语法律文本中大量出现的“的”字结构在语法上确定为一个篇章单位，而非句法单位，这不仅有利于说明其在汉语中的语法、语义表现，更有利于分析与说明相关的汉英小句转换规律。

本书可以说明汉语法律文本中的“的”字结构可以转换为何种形式的英语对应单位，但还不能说明在何种情况下具体转换为何种形式的英语对应单位，这就需要对汉语的“的”字结构做语义、语法上的进一步分析及标注，从而以此为指导来寻找其中的统计性转换规律。笔者将在进一步研究中开展这一工作。

笔者是在汉英小句对齐与语法标注库的研制过程中发现的一个具体标注与分析问题，而汉英小句对齐是汉英篇章结构对齐的基础部分，英语对应单位的语法标注也是篇章结构视野下的篇章-句法联合标注。小句对齐与其语法标注及基于其上的篇章结构对齐语料库的创建共同服务于汉英篇章机器翻译及语言对比等研究。笔者将在下一步的工作中进一步完善和扩大汉英小句对齐语料库及汉英篇章结构对齐语料库，从而为汉英篇章机器翻译及语言对比研究等奠定语料基础。

第8章

内地、香港、澳门公文语篇的并列关系对比研究[①]

8.1 引　言

以往对内地、香港和澳门的语言研究主要集中在词汇（邓景滨，1996；苏小妹，2011；马毛朋，2012；姚双云和黄翊，2014）、句法（赵春利和石定栩，2015）、语言格式（盛炎，2001）等方面，较少涉及其公文语篇对比分析。本章主要从语篇关系的表达角度对内地、香港、澳门的汉语进行对比研究。为避免文体等因素带来的语言差异，对比语料限于公文语篇。由于语篇关系复杂多样，对内地、香港和澳门语篇关系表达的对比集中于并列关系。根据有关研究，并列关系是篇章逻辑语义关系中使用最为频繁的一种关系，通过并列关系的对比，一定程度上可以揭示内地、香港和澳门语篇关系的表达差异。

语篇是超句单位，这里所指语篇包括句群，也包括复句，前者由句子构成，后者由分句构成。但由于在逻辑关系表达上二者并无根本差异，本章把它们放在一个统一的框架下进行研究。

并列关系通常表示并列的几件事、几种情况，或同一事物的几个方面。并列关系可以使用连接词（即显式关系），如例（1）的“并”，也可以不用连接词（即隐式关系），如例（2）。与一般逻辑关系不同，并列关系的关系项可以为两项，如例（1）；也可以为多项，如例（2）。对内地、香港

---

① 本章主要内容以英文稿在 The 19th Chinese Lexical Semantics Workshop, CLSW2018 上做过报告，见 Feng 等（2018）。

和澳门公文语篇中并列关系的对比，集中于连接词的显隐、显式连接词的具体使用和并列项数等方面。

（1）建议明年继续向有困难家庭发放经济援助金，/并对现有援助金受益家庭发放多一次的全数援助金。（双项并列）

（2）国内生产总值 47.2 万亿元，比上年增长 9.2%；/公共财政收入 10.37 万亿元，增长 24.8%；/粮食产量 57 121 万吨，再创历史新高。（多项并列）

8.2　对比语料

1）语料选择

内地汉语（普通话）：2012 年和 2014 年中国政府工作报告、中国共产党十八大报告、十八届三中全会报告。香港汉语：2010—2013 年的特区政府施政报告。澳门汉语：2011—2014 年的特区政府施政报告。

以上语料中的篇章并列关系是本章的研究对象。由于香港、澳门的汉语语料可能受到英语的影响（英语也是其重要的工作或生活语言），因此分析了香港、澳门汉语语料的对译英语中的并列关系，作为解释三地并列关系表达差异的参照语料。

2）语料标注

对并列关系的研究需要结合其所在的篇章结构整体，综合汉英篇章结构平行语料库的篇章结构和对齐标注框架及标注平台后标注了研究语料。例（3）给出了一个标注实例（仅给出本研究相关的标注信息）。

（3）现在，我代表国务院，[A]//[条件] 向大会作政府工作报告，[B]/// [目的]请予审议，[C]/[并列] 并请全国政协各位委员提出意见。[D]（《中国政府工作报告》，2014 年）

On behalf of the State Council,[1]//@[条件] I now present to you the report on the work of the government[2] /// [目的]for your deliberation,[3]/[并列] <u>and</u> I welcome comments on my report from the members of the National Committee of the Chinese People's Political Consultative Conference (CPPCC).[4]

例（3）中上标的字母和数字分别标明汉英小句及其顺序，“/”多少表明篇章结构层次高低，篇章关系类型①用[ ]标记，连接词用下画线标记。主要提取其中并列关系的相关信息进行研究，如例（3）在第 1 层上即为并列关系，且汉语和相应英语均为显式，连接词分别为“并/and”，该并列关系有两个并列项。

3）基本数据

表 8-1 给出了三类语料中所标注的关系总体和并列关系的数据。在三类文本中，均是并列关系占比最大，但并列关系的具体占比又有较大差异，其中内地最多（67.64%），澳门其次（48.37%），香港最少（28.79%）。这种差异反映了三地政府类工作报告的某种风格差异：一般而言，并列关系较多，说明列举较多，相对的具有内在关联的因果性说理就少。本书主要关注三地篇章并列关系的语言表达形式的差异，而较少关注其内容风格差异。以下将标注语料中的并列关系数据作为分析语料。

表 8-1　三地汉语（公文）中的并列关系

关系类型	内地汉语		香港汉语		澳门汉语	
	频次	百分比/%	频次	百分比/%	频次	百分比/%
并列关系	1710	67.64	826	28.79	906	48.37
所有关系	2528	100.00	2869	100.00	1873	100.00

8.3　并列关系的显隐对比

三地汉语并列关系的显隐表达有一定差异，由表 8-2 可以看出：

① 根据 Li 等（2014），共分 4 大类 17 小类关系。因果类：因果关系、推断关系、假设关系、目的关系、条件关系、背景关系；并列类：并列关系、顺承关系、递进关系、选择关系、对比关系；转折类：转折关系、让步关系；解说类：总分关系、例证关系、解说关系、评价关系。

第一，在并列关系的表达上，香港汉语和澳门汉语的显式关系占比显著高于内地汉语（53.51%>23.07% > 1.46%）。

第二，香港汉语和澳门汉语也有较大差异，香港汉语显式关系占比又显著高于澳门汉语。

由于同为公文语体，以上这种差异显然不是来自于语体差异。笔者认为，这种差异与语言接触带来的语言变异有关，主要与三地汉语受英语影响的程度不同有关。

第一，相比内地汉语，港澳汉语较多受到了英语的影响；

第二，相比澳门汉语，香港汉语更多受到了英语的影响。

这种推断，可以从表 8-3 得到一定印证。对比表 8-2 和表 8-3 可知，在并列关系的表达上，香港汉语的显式关系接近与其具有对译关系的香港英语（53.51%→57.54%），而澳门汉语的显式关系虽然不足相应的澳门英语显式关系的一半（23.07% VS. 51.93%），但相比内地汉语则有巨大提高（23.07% > 1.46%）。

表 8-2 三地汉语（公文）中并列关系的显隐表达

显隐关系	内地汉语		香港汉语		澳门汉语	
	频次	百分比/%	频次	百分比/%	频次	百分比/%
显式关系	25	1.46	442	53.51	209	23.07
隐式关系	1685	98.54	384	46.49	697	76.93
合计	1710	100.00	826	100.00	906	100.00

表 8-3 港澳英语（汉语公文对译）中并列关系的显隐表达

显隐关系	香港英语		澳门英语	
	频次	百分比/%	频次	百分比/%
显式关系	473	57.54	498	51.93
隐式关系	349	42.46	461	48.07
合计	822	100.00	959	100.00

这种差异可以从港澳及内地的语言生活和语言政策上得到解释:

第一，语言生活差异。香港和澳门语言生活的整体国际化程度高，国际金融、旅游等十分发达，工作和生活需要国际化的语言，而英语的“国际语言”

角色满足这一需求，由此两地区英语发展十分迅猛。而内地地区英语虽是学校里的一门重要课程，但对于大多数人还不是工作和生活语言，由此在内地，英语对汉语的影响相比香港、澳门小得多。

第二，语言政策差异。香港地区的语言政策可以用四个字来总括，即“两文三语”的语言政策。“两文”指中文与英文，“三语”指广东话、普通话与英语。两文的地位并不平衡，通常以英文为主，特区政府内部公文通常为英文，只有少量公文才翻译成中文与英文并行的形式，具有法律效力的文书在中英冲突时以英文为准。而三语也各有分工，就使用频率而言，正式场合英语第一、粤语第二、普通话第三；非正式场合是粤语第一、英语第二、普通话第三。（杨聪荣，2005）

澳门地区是汉语、英语、葡萄牙语三种语言共用的“三语区”。但三者的地位与作用也不同，三语中，汉语和葡萄牙语均为官方语言，而汉语则具有完全的主导地位，一直是澳门地区使用最普遍、作用最大的语言。英语主要用于金融、高科技、高等教育等领域，在澳门地区语言生活中发展迅猛，但并不具有官方语言地位。（曾薇和刘上扶，2010；张桂菊，2010）

而内地的语言政策以推广普通话为主，除一些少数民族地区的民族语言外，普通话是国家法定工作语言，英语则主要用于国际事务和科学研究。

由于以上原因，英语在香港和澳门的作用和地位高于其在内地的，而在香港的作用和地位又高于其在澳门的。相应地，英语对香港汉语的影响最大（苏金智，1997），对澳门汉语的影响其次，对内地汉语则影响很小。由此，也可以解释三地中并列关系的显隐表达差异。

8.4 并列连接词对比

8.4.1 统计对比

在显式连接词的选用上，三地也有重要差异。如表 8-4 所示：

（1）有些连接词仅在香港汉语或澳门汉语中使用，而在内地汉语中不能作为篇章连接词使用，如“以及”；而香港汉语和澳门汉语也有差异，如在香港汉语中，“亦”是第二高频使用的篇章连接词，但在澳门汉语（及内地汉语）中却完全不使用。

（2）一些连接词虽然同在内地、香港和澳门使用，但使用占比却有一定差异。如“并”和“也”，“并”在澳门使用占比最高（35.89%），香港其次（22.17%），内地最少（12.00%）；而“也”在内地使用占比最高（32.00%），香港（7.47%）和澳门（6.22%）使用占比都较低。

表 8-4　三地汉语（公文）中的并列关系连接词（部分）

连接词	内地汉语		香港汉语		澳门汉语	
	频次	百分比/%	频次	百分比/%	频次	百分比/%
并	3	12.00	98	22.17	75	35.89
亦	0	0	95	21.49	0	0
同时	2	8.00	34	7.69	44	21.05
也	8	32.00	33	7.47	13	6.22
此外	0	0	33	7.47	13	6.22
以及	0	0	33	7.47	24	11.48
……	……	……	……	……	……	……
总计	25	100.00	442	100.00	209	100.00

8.4.2　个案对比

1）“亦”

“亦”是香港汉语高频使用的一个篇章连接词，居香港连接词使用占比排名的第 2 位，但澳门汉语和内地汉语则均不使用。

（4）我们将按照《基本法》和「钱七条」，积极开展香港与台湾在经济、文化、民生等各方面的合作，中央政府亦鼓励及支持特区在这方面的工作。（香港）

（5）除推动双边商贸合作委员会开展工作外，我们会成立「港台经济文化合作协进会」,以推动与台方多范畴和多层次的交流；我们亦会考虑在适当时候及以适当形式在台湾设立综合性办事机构，加强两地高层次交流。（香港）

一般认为“亦”是古代汉语的篇章连接词，在现代汉语中更换为“也”。“亦”也在香港汉语中广泛使用充分反映了古代汉语在香港汉语的较多遗留。

2）“以及”

“以及”在香港汉语中的使用占比为 7.47%，在澳门汉语中占比达 11.48%，而内地汉语则不将“以及”作为篇章连接词使用。例如：

（6）包括以服务业为主调，加强与台湾方面的经济合作，以及在避免双重征税安排方面与台湾开展磋商，务求取得进展和成果。（香港）

（7）提升区议会的职能，发挥区议员的积极性，以及让民政事务专员更有效地统筹特区政府部门在地区的服务。（香港）

（8）透过修订《市区房屋税规章》和《印花税规章》两项规定，以及通过《取消使用登船和离船设施的费用》行政规定，扩大税费减免措施的范围。（澳门）

（9）特区政府今年首次公布了施政年度的立法计划，以及加强行政与立法之间的沟通，重视立法质量的提升。（澳门）

在内地汉语中，“以及”一般作句内连接词用，其可以连接词或短语，放在最后一个短语之前，通常表示对某种信息的“补充”，如例（10）。不过，在港澳汉语中，“以及”也可以作为句内连接词使用，如例（11）。“以及”在港澳汉语中的用法要多于其在内地汉语中的。

（10）桌上放着画笔、水盂、调色盘以及两盆初开的菊花。（内地）

（11）活化后的中环街市将会成为上班人士在日间的「城市绿洲」，以及市民和游客在晚上和周末的新休闲去处。（香港）

3）“并”

连接词“并”在香港汉语中使用占比为22.17%，在澳门汉语中的使用占比则高达 35.89%，而在内地汉语中的使用占比仅为 12.00%。“并”的使用举例如下：

（12）我们会继续加强与中小企业的沟通，并适时提供更多支持。（香港）

We will continue to strengthen our communication with SMEs and render them more support in a timely manner.

（13）同时协助私营医疗服务发展，并改善监管制度。（香港）

While facilitating the development of the private healthcare sector and improving the regulatory mechanism.

（14）在新的一年，我们将持续关注及优化各项民生福利政策，并适时采取惠民措施。（澳门）

In the coming year, we will continue to focus on and improve policies to augment various aspects of daily life, and will take timely measures for the benefit of the people.

（15）保障居民完成非高等教育，并提供修读高等教育或以上课程的机会。（澳门）

We will ensure that local residents can complete non-tertiary education, and provide them with opportunities to pursue tertiary education or even further studies.

（16）各位代表：现在，我代表国务院，向大会作政府工作报告，请予审议，并请全国政协各位委员提出意见。（内地）

（17）建设好、管理好中国上海自由贸易试验区，形成可复制可推广的体制机制，并开展若干新的试点。（内地）

在以上港澳汉语的用例中，去掉连接词“并”不会影响意义的表达，而内地汉语中的“并”删去后则会影响其意义的表达及语句的通顺度。这说明，港澳汉语的“并”要比内地汉语用得宽泛一些。据考察，港澳汉语中用“并”的地方，相应的对译英语中一般也有一个对应的英语连接词，如例（12）—例（15）。这提示，在港澳汉语中，这个连接词可能因受到了英语的影响从而比在内地汉语中使用得多。

8.5 并列项对比

并列关系的并列项可以是2项，也可以是多项。从表8-5可知：

（1）内地、香港、澳门汉语都倾向于使用较少的并列项数，一般不超过5项，而以2项并列为最多。

（2）三地汉语所容纳的多项并列有重要不同，主要是内地汉语所容纳的并列项数较多，3项及以上并列占比41.23%，而香港汉语和澳门汉语则分别是16.22%、10.82%。而且，三地所容纳的最高并列项也有重要不同：内地汉语（18项）>澳门汉语（11项）>香港汉语（5项）。

表8-5 三地汉语（公文）中并列关系的并列项数

并列项数	内地汉语		香港汉语		澳门汉语	
	频次	百分比/%	频次	百分比/%	频次	百分比/%
2	1005	58.77	692	83.78	808	89.18
3	386	22.57	105	12.71	55	6.07
4	158	9.24	24	2.91	26	2.87
5	77	4.50	5	0.61	6	0.66
6	42	2.46	0	0	4	0.44
7	17	0.99	0	0	4	0.44
8	14	0.82	0	0	0	0
9	4	0.23	0	0	0	0
10	1	0.06	0	0	2	0.22
11	1	0.06	0	0	1	0.11
12	2	0.12	0	0	0	0
13	1	0.06	0	0	0	0
15	1	0.06	0	0	0	0
18	1	0.06	0	0	0	0
总计	1710	100.00	826	100.00	906	100.00

笔者认为，这种差异主要不是三地的语言要素差异，即并非港澳汉语不

能容纳更多并列项，这种差异主要是三地政府公文的工作风格差异。相比较而言，内地的政府工作报告更多采用列举、汇报式，较少解释说明，所以任务、计划等报告内容多用列举式，由此多并列项。而港澳的特区施政报告，更多采用说明解释式，即通常说明某项措施、计划等，还需说明相关的理由等，由此就减少了简单的列举和并列。例（18）—例（20）给出三地的政府类工作报告，可以体会三者的工作风格差异。

（18）加快产业结构优化升级。大力培育战略性新兴产业，新能源、新材料、生物医药、高端装备制造、新能源汽车快速发展，三网融合、云计算、物联网试点示范工作步伐加快。企业兼并重组取得新进展。支持重点产业振兴和技术改造，中央预算投资安排 150 亿元，支持 4000 多个项目，带动总投资 3000 亿元。加快发展信息咨询、电子商务等现代服务业，新兴服务领域不断拓宽。交通运输产业快速发展，经济社会发展的基础进一步夯实。（内地）

（19）香港在“一国两制”的宪制安排下回归，“港人治港”，“高度自治”。香港作为国家的特别行政区，一直得到国家的关怀和支持，充分发挥“一国两制”的优势，<u>不仅</u>在内地拓展了经济发展所需的广阔腹地，<u>而且</u>作为国际金融、贸易和航运中心的地位，在世界上亦日益巩固和提高。<u>此外</u>，在香港民主发展的道路上，我们按照《基本法》的规定和全国人大常委会的有关决定，循序渐进推动民主发展。<u>因此</u>，维护国家的主权和《基本法》的权威，符合香港社会的整体和长远利益，<u>亦同时</u>是我们每一个香港市民的责任。（香港）

（20）近年本地经济快速发展，通胀结构已发生变化，除输入性因素外，内需带动的因素逐渐突显。政府加强监察食品进口及零售价格，<u>并</u>对有关消费者权益法规进行检讨和修订。基于由内需带动的通胀对民生带来的影响，特区政府采取了多项适切的安排，加强扶助弱势社群，舒缓居民的生活压力。在新的一年，我们将持续关注及优化各项民生福利政策，<u>并</u>适时采取惠民措施，<u>让</u>社会各阶层都能分享经济发展的成果，提升居民的生活素质。（澳门）

8.6 结　论

本书基于标注语料研究内地、香港、澳门公文语篇中的并列关系，主要比较连接词的显隐、使用、并列项数等。研究发现：

（1）港澳汉语的显式关系远高于内地汉语的，而香港汉语的又高于澳门汉语的（53.51% > 23.07% > 1.46%）。

（2）港澳汉语的连接词种类远多于内地汉语，而香港汉语又多于澳门汉语。各种连接词在三地适用上有差异，如“亦”作为篇章连接词仅在香港汉语中使用。三地共用的一些连接词也有用法、用量上的差异，如“并”和“也”，“并”在港澳汉语中使用较多，而在内地汉语中使用较少；而“也”在内地汉语中使用较多，在港澳汉语中则使用较少。使用量的差异本质上反映的是用法的差异。

（3）三地汉语都倾向于使用较少的并列项数，但内地汉语容纳的并列项数高于港澳汉语。

以上差异与三地汉语受英语影响程度、古汉语遗存及公文工作风格等有关：

（1）港澳汉语比之内地汉语，受到英语（显式关系多于汉语）的深刻影响，由此显式关系多于内地汉语；而香港汉语比澳门汉语受到英语的影响更深刻，由此香港汉语的显式关系又多于澳门汉语。

（2）连接词的具体使用差异上，港澳汉语一方面遗存了一些古汉语的篇章连接词，如“亦”在香港汉语的使用；另一方面受英语的影响扩大了一些连接词的使用范围，如“并”在港澳汉语的使用多于内地汉语。

（3）内地公文的工作风格多呈列举、汇报式，由此容纳的并列项比较多；而港澳公文的工作风格更多解说、说理，由此并列项的简单并举比较少。

第 9 章

汉英篇章结构对齐分析技术研究

9.1 引　言

机器翻译需要双语转换知识的指导，双语对齐语料库是获取双语转换知识的主要来源，而大规模双语对齐语料的获得则需要双语对齐分析技术的支持。基于篇章结构的机器翻译依赖于双语篇章结构对齐语料库及其对齐分析技术。然而，至今双语篇章结构对齐分析资源与技术还相当匮乏。以汉英双语来看，现有汉英平行语料库缺少篇章信息标注，更无结构对齐，而篇章结构语料库从理论到实践均不针对双语；现有对齐技术重在单位对齐，结构对齐限于句法结构。可以说，双语篇章结构对齐分析资源与技术的匮乏严重制约了篇章机器翻译等研究的进展。如前，本书构建了一定规模的汉英篇章结构平行语料库，并将基于该语料库进行汉英篇章结构对齐分析技术研究，本章初步勾勒了一个技术框架，具体的技术实现则有待进一步展开。

9.2 研究现状

9.2.1 双语对齐技术

对齐是平行语料库加工和机器翻译的基础性工作，包括语言单位对齐和语言结构对齐。语言单位对齐包括段落、句子、小句、短语、词语等不同层级上的对齐工作。与篇章结构对齐密切相关的是段落、句子、小句等单位对齐和结构对齐工作，下面着重论述。

句子对齐研究最多，技术比较成熟，主要有基于长度和基于词汇两类方法。基于长度的方法认为双语译文句子长度正相关。Brown 等（1991）、Gale 和 Church（1993）分别以句子中的单词个数和字节数作为句子长度单位，对英法双语语料的实验取得较好效果。基于词汇的方法认为最佳句对是那些使系统词汇对齐数量最大化的句子。Simard 等（1993）、Kay 和 Röscheisen（1993）分别根据同源词、词汇分布实现了英法句子对齐的词汇方法。Chen（1993）通过建立词到词的翻译模型，实现了另一种英法句子对齐的词汇方法。研究表明，两类方法混合好于单纯的长度方法或词汇方法（Tan and Nagao，1995；Wu，1994；Collier et al.，1998；Melamed，2000）。在汉英语言上，Wu（1994）通过创建特殊词表对基于长度的方法进行了改进。Chuang 和 Yeh（2005）提出一种基于标点符号的句子对齐法，结果显示，该方法胜于基于长度的方法。张艳和柏冈秀纪（2005）以长度算法为基础，引入词汇信息，然后采用基于标点符号的方法作为后处理，结果证明这种混合方法可以有效提高汉英双语句子对齐的正确率。李维刚等（2006）提出一种基于句子长度和位置信息的结合算法，实验证明基于位置信息的方法明显好于基于长度的方法，而位置和长度混合的方法又好于单一方法。

段落和从句对齐研究相对较少。Gale 和 Church（1993）认为，基于长度对齐的算法可以用于段落的对齐。王斌（1999）提出“分段+对齐”原则进行汉英段落对齐，在分段对齐过程中，通过匹配分布相似的词汇对，找到可以用于分段的锚点句子，利用这些锚点句子和其他特殊句子对之间的匹配程度对双语文本进行分段对齐。从句对齐对于机器翻译等应用非常有用，但是由于每种语言，尤其是不同语系语言之间存在如何界定从句界限的问题，所以与简单句相比较，从句的对齐更难且容易出错。Kit 等（2004）用包含双语法律术语表、双语字典的词汇方法和相似性度量法对香港法律文本进行了从句对齐，吕学强等（2003）进行了基于统计的汉英法律文献小句对齐研究。何彦青和张娟（2014）针对专利文献句子较长的问题，将机器翻译语料进行小句切割从而获取双语的小句序列，基于统计和规则融合的方法实现小句对齐，通过小句对齐语料训练统计机器翻译系统，取得较好翻译结果。

现有**结构对齐**工作主要是句法结构对齐。一般的方法是“分析—分析—匹配”，即首先分别对两种语言进行句法分析，然后按照一定启发式算法进行双语结构匹配。Kaji 等（1992）最先使用该方法进行日英双语结构对齐，他们对双语分别进行句法分析，然后以词对齐为锚点实现结构对齐。Watanabe 等（2000）、Meyers 等（2011）、Yamamoto 和 Matsumoto（2000）也都使用了类似方法，不同的是他们在单语分析时采用了不同的句法分析体系。为克服双语句法分析体系和技术不对应问题，Wu（1997）提出一种双语模型——反向转换语法，该模型不需要源语言和目标语言的单语语法知识，通过统计的反向转换文法，在统一的语法体系下同时对双语进行结构分析，分析的结果直接得到结构对齐。吕雅娟等（2003）提出了一种单语句法分析指导的双语结构对齐方法，他们以 Wu（1997）的双语模型为基础，通过把英语句法分析知识融入双语模型，实现汉英结构对齐，有效避开了汉语句法分析难题。刘群（2008）定义了一个局部对齐数据结构，通过子树局部对齐的归并得到更大的句法树对齐，通过柱形搜索策略（beam search）进行搜索，实现了汉英短语结构对齐。该算法在很大程度上避免了词语错误对齐对短语结构对齐的干扰。Sun 等（2010）运用最大熵模型进行汉英双语的子树对齐，除词汇知识外，还引入结构知识评估双语句法相似度，克服了词汇知识的局限性。

分析可知：第一，单位对齐中，句子对齐技术较成熟，小句对齐还需进一步研究；结构对齐主要是句法结构对齐，至今尚无篇章结构对齐工作。第二，考虑到篇章结构对齐问题可以转化为层递的段落对齐、句对齐、小句对齐等单位问题，单位对齐技术有重要借鉴作用，但一个完整的篇章结构对齐并不单纯是某种语言单位的对齐，如何层递推进这些大小不同单位的对齐，具有挑战性。另外，小句作为基本单位，在篇章结构对齐中具有基础地位，而小句对齐技术还非常不成熟，这也将是其中的关键问题。第三，现有的结构对齐一般是按照“分析—分析—匹配”方法进行，其基础在于双语有基本一致的分析体系和比较平衡的分析技术，但对于汉英篇章结构分析，一方面篇章结构分析有较大理论差异，另一方面汉语篇章结构分析还不是很成熟。如何克服这些问题，对于汉英篇章结构对齐分析是有挑战性的。

综上，虽然对齐技术已有较多研究，但至今尚无直接的篇章结构对齐技术；即使可以借鉴现有的某些单位对齐和结构对齐技术，但针对汉英篇章结构对齐，其中仍有一系列挑战性问题。

9.2.2 篇章结构分析技术

篇章结构分析技术是双语篇章结构对齐分析的基础，在不同的理论体系和资源上有不同的篇章结构分析任务及相应技术。目前的英语篇章结构分析技术，一般基于特定的资源开展，下面主要介绍基于修辞结构篇章树库（RSTDT）和宾州篇章树库（PDTB）的研究。

基于 RSTDT 的研究：在 RSTDT 上进行篇章结构分析研究一般分为基本篇章单位识别和篇章结构生成两步。关于 EDU 的自动识别研究较多，目前 RSTDT 上 EDU 识别准确率较高，技术基本成熟（Soricut and Marcu，2003；Le Thanh et al.，2004；Tofiloski et al.，2009，Hernault et al.，2010）。篇章结构生成方面，结果则不理想。在句子级识别上，采用有监督方法全自动识别篇章关系 *F* 值约为 50%，使用人工 EDU 切分结果 *F* 值约为 70%（Soricut and Marcu，2003；Duverle and Prendinger，2009；Joty et al.，2012）。在篇章级识别上，Hernault 等（2010）采用自底向上的贪婪算法，使用 SVM 分类器进行识别，结构识别 *F* 值为 72.3%，完整句法树识别 *F* 值为 47.3%。

基于 PDTB 的研究：PDTB 的创建显著推动了篇章结构分析的研究，在篇章计算方面受到了极大关注。目前的研究主要集中在论元识别和篇章关系识别两方面。论元识别方面，部分研究者在识别论元时用论元中心代替整个论元，Arg1 识别准确率约为 60%，Arg2 识别准确率约为 80%（Wellner and Pustejovsky，2007；Elwell and Baldridge，2008）。Prasad 等（2010）识别 Arg1 的效果有较大的提升，但其识别的是包含论元的句子。篇章关系识别方面，由于显式篇章关系中连接词的存在而歧义较少（大约只有 2%），显式篇章关系比较容易识别。相对显式篇章关系 90%以上的识别准确率，隐式篇章关系的识别准确率徘徊在 40%—50%（Pitler et al.，2009；Lin et al.，2009；Wang et al.，2010；Zhou et al.，2010a；徐凡等，2013；Zhou et al.，2010b；Hernault et al.，2010）。

汉语篇章结构自动分析研究：由于相应资源的匮乏，目前汉语篇章结构自动分析研究还不多。Huang 和 Chen（2011）基于自建语料库，利用句子长度、标点符号、连接词、词性、上位词等在内的平面特征，对所标注 PDTB 四类首层关系进行识别，取得了 88.2%的正确率和 63.7%的 *F*1 性能。张牧宇等（2014）在自建 PDTB 风格的篇章语料库上，对自定义的篇章关系进行识别研究，针对显式篇章关系识别提出基于关联词的方法，取得较好效果；针对隐式篇章关系，抽取词汇、句法、语义等特征，采用有指导模型进行识别。李艳翠等（2013）在自建汉语篇章结构语料库上，针对汉语基本篇章单位（小句）识别，提出了基于逗号的方法，抽取句法、词汇、长度等特征进行实验，取得了 90%的准确率。又针对隐式关系（所建库显式占篇章关系的 80%）进行识别研究，采用上下文特征、词汇特征、依存树特征，利用最大熵的分类方法对 4 大类关系进行识别，总正确率为 62.15%（孙静等，2014）。李艳翠等（2014）在清华汉语树库上，利用规则从中提取复句关系词并标注其类别，分别抽取带功能标记和不带功能标记的自动句法树的句法、词法、位置特征，进行复句关系词的识别和分类，复句关系词判断准确率达 95.7%，复句关系词类别判断 *F*1 值为 77.2%。相对英语来说，汉语的篇章结构分析技术才刚刚起步。

分析可知：第一，基于不同理论体系和资源下的篇章结构分析技术有较大差异，并且不同语言，特别是英汉语言之间的篇章结构分析技术还不平衡。第二，针对汉英篇章结构对齐分析，需要在统一的理论体系与资源下进行双语篇章结构分析技术研究。第三，虽然现有单语篇章结构分析技术可作为篇章结构对齐分析技术的借鉴，但应该认识到双语平行并对齐的篇章结构分析并不简单等同于任何一种单语的篇章结构分析技术，因为它要在进行篇章结构分析的同时考虑双语对齐问题。

综上，为有效进行汉英篇章结构对齐分析，需要在统一的理论体系与资源下进行对齐分析技术研究，其中特别需要考虑如何在篇章结构分析的同时进行双语对齐研究。

总之，现有双语对齐技术主要是单位（段落、句子、词语等）对齐，少数结构对齐工作还限制在句法结构层面上，尚没有篇章结构对齐技术；现有篇章结构分析技术主要是单语上的工作，而且不同语种的篇章结构分析尚不平衡（英语相对成熟，汉语还不成熟），并不能简单基于单语篇章结构分析技术发展双语篇章结构对齐分析技术。本书汉英篇章结构对齐分析是一项富有挑战性而又颇具意义的工作。

9.3 分析任务

汉英篇章结构分析技术的任务是给出一个汉英平行文本段落，自动构建汉英双语的篇章结构树并进行结构对齐。参考本书所提篇章结构标注体系和对齐标注策略，针对汉英篇章结构对齐分析的不同任务特点，展开具体研究，主要研究任务有：

基本篇章单位对齐分析：给定汉英双语文本，自动识别与对齐其基本篇章单位。基本篇章单位识别是篇章结构分析的基础。汉语和英语的基本篇章单位有重要差异，为保证对齐分析总是在篇章范畴内，对齐策略采用了“源语优先”机制，即以源语的基本篇章单位分析规约目的语的基本篇章单位分析。为此，需重点研究源语基本篇章单位分析指导的目的语基本篇章单位分析方法。

结构对齐分析：给定汉英双语文本，自动构建双语篇章结构树，并实现其层次结构的一一对应。由于篇章关系对齐、连接词对齐、关系角色对齐、中心对齐都依赖于结构对齐，所以结构对齐是对齐分析的基础核心任务。本书的对齐标注策略对此采用了“目的语优先”机制，即以目的语的结构约束源语的结构分析，因为这种结构可以从根本上反映翻译结构。为此，需重点研究目的语结构分析指导的源语结构分析方法。

连接词对齐分析：给定汉英双语文本，识别对齐篇章结构上的双语篇章连接词。

篇章关系对齐分析：给定汉英双语文本，为对齐篇章结构构造对应的篇章关系。

角色对齐分析：给定汉英双语文本，识别对齐篇章结构上的篇章单位角色对应。

中心对齐分析：给定汉英双语文本，识别对齐篇章结构上的篇章单位中心对应。

连接词、篇章关系、角色、中心的对齐分析，都建立在篇章结构对齐上，只要构建了结构对齐，识别单语的连接词、篇章关系、角色、中心，一般就可以建立其对应。

9.4　算 法 设 计

汉英篇章结构对齐分析的最终目标是自动构建汉英双语的篇章结构树并进行结构对齐，具体包括双语基本篇章结构、连接词、关系、角色、中心等对齐分析任务。其中，篇章结构对齐分析是其他工作的基础，而连接词、关系、角色、中心等的对齐分析则是基于结构对齐分析结果的单语识别问题。另一方面，汉-英和英-汉方向的对齐分析虽有差异，但除约束机制差异外，技术手段基本相同。以下结合汉-英方向上的对齐分析进行阐述。

9.4.1　汉英篇章结构对齐分析

汉英篇章结构对齐分析的任务是，识别汉语（源语）及英语（目的语）的篇章单位和结构，并使其完全对齐。一般可采用以下两种方案：

方案一：先分别进行汉语和英语篇章结构分析，最后进行对齐，即传统的串行（Pipeline）方案。采用这种方案的前提是汉语和英语的篇章结构分析完全一致。而事实上，由于汉英表达及理解的差异，往往难以自然得到双语篇章结构完全对齐的结果。

方案二：汉英篇章结构分析和对齐同步进行，相互指导。具体而言，利用汉语篇章结构分析的部分结果指导英语篇章结构对齐，再利用英语篇章结构对齐结果调整汉语篇章结构分析结果，当篇章结构分析工作完成时，对齐工作也就完成了。这种方案的优势在于可以及时校正双语各自的分析差异，保证最终获得一个双语篇章结构完全对齐的分析树。本书拟采用该方案进行篇章结构对齐分析。

对于方案二，关键问题在于选择合适的分析策略，使双语篇章结构分析完全一致。为此，本书拟采用“单语结构分析指导的双语结构对齐”方法。具体而言，基本篇章单位识别以“源语优先”为标准，这样可以使汉语的篇章结构转化为英语句法结构时也得到分析，并保证分析始终在篇章范畴内；结构对齐以“目的语优先”为标准，即在双语篇章结构分析存在差异时，以英语的结构分析为准，这种方法不仅能保证双语篇章结构完全对齐，而且从根本上保证了双语对齐结构是一种翻译结构，即由翻译者理解源语并用于构造目的语的结构。

篇章结构对齐过程由 4 个模块组成，处理流程如图 9-1 所示。

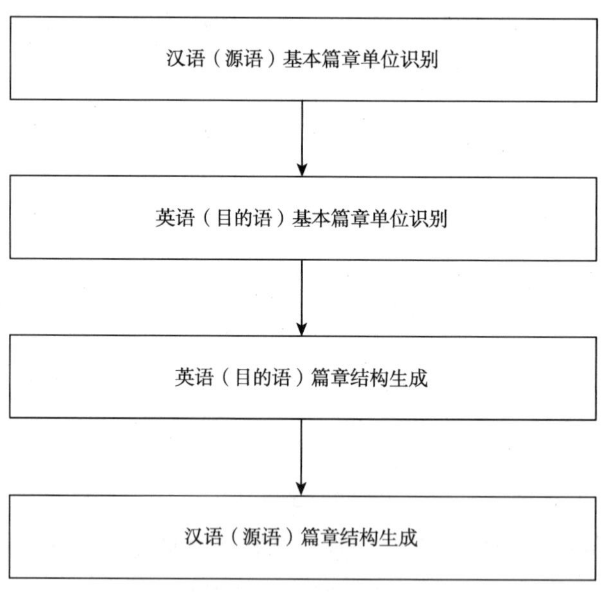

图 9-1 “单语结构分析指导的双语结构对齐”处理流程

1）汉语（源语）基本篇章单位识别

汉语基本篇章单位识别的任务是识别汉语文本中的最小篇章单位。汉语篇章中，分号、句号、叹号等一般可直接作为篇章单位的切割标志，而逗号切分的语言单位并不一定是篇章单位，从而无法直接通过逗号判断篇章单位。因此，如何识别逗号与篇章单位的关系是汉语基本篇章单位识别的一个关键问题。逗号与基本篇章单位的关系识别问题可看作是一个分类问题，即判断逗号分隔的语言单位是否存在篇章关系。为此，一些研究者采用分类学习方法进行识别（Xue，2015；李艳翠等，2013）。

本书拟采用随机森林来识别逗号是否代表篇章关系，与其他分类方法相比，随机森林具有以下优势：①在训练样本不足的情况下仍能保持比较稳定的性能；②对于一般化的误差产生无偏估计，受样本偏置影响较小；③能够处理高维数据，无须预先进行特征选择，并且训练完成后能获得特征重要性评估结果。

本书拟采用的随机森林方法，其学习过程如下：

（1）采用 bootstrap 抽样，从数据集中抽取 n 个训练子集，每个子集的大小为原始数据集的 1/2；

（2）对某一子集，建立分类回归树（CART）：对于树中每个结点，随机选择 m（$<<M$，M 为特征集合规模）个特征，计算其最优生长方式；

（3）步骤（2）重复 n 次，共产生 n 棵不经过剪枝的决策树构成森林。

分类特征采用字串特征（上下文、字串统计信息等）、词汇句法特征（词性及其组合）、句法特征（句法结构、位置关系及其信息组合）、语义特征（语义结构、关系及其组合）。

2）英语（目的语）基本篇章单位识别和篇章结构生成

英语基本篇章单位识别的任务是根据汉语篇章单位识别结果对英语文本中的篇章单位进行识别，即找出与汉语基本篇章单位对应的英语单位；英语篇章结构生成的任务是在英语篇章单位识别结果的基础上建立相应的篇章结构。

本书中，英语基本篇章单位识别并不简单等同于英语单语的一般基本篇章单位识别，而是与汉语基本篇章单位对齐的单位识别，就分析结果看，其可能是一般篇章单位，也可能是句法单位。而英语的结构生成也不等同于其单语的一般篇章结构生成，通常其句子以上的高层结构是一般篇章结构，而与汉语对应的底层结构则可能是句法结构。特别是，英语基本篇章单位识别与英语篇章结构生成相互影响，同时篇章单位分割和篇章单位对齐相互影响，采用一般串行方法，很容易造成错误传播。

本书拟提出一种基于感知机的联合模型来处理英语的基本篇章单位识别与结构生成问题。具体而言，把英语篇章单位识别看作是一个分割问题，把篇章单位的结构生成看作是一个结构分析（Parsing）问题，两个工作同步进行，其好处是用一个统一的模型解决两个密切相关的任务，在一定程度上避免了错误传播。

模型的输入为英语（目的语）及已识别基本篇章单位的汉语（源语），输出为英语（目的语）的篇章单位结构，形式化描述为：

$$\left(\hat{t},\hat{d}\right)=\arg\max_{t,d}\mathrm{Score}_{\mathrm{joint}}\left(x,t,d\right) \tag{1}$$

其中，x 为输入，t 为篇章单位划分，d 为篇章结构，$\mathrm{Score}_{\mathrm{joint}}\left(x,t,d\right)$ 是一个基于特征的线性模型：

$$\begin{aligned}\mathrm{Score}_{\mathrm{joint}}\left(x,t,d\right)&=\mathrm{Score}_{\mathrm{unit}}\left(x,t\right)+\mathrm{Score}_{\mathrm{structure}}\left(x,t,d\right)\\&=W_{\mathrm{unit}\oplus\mathrm{structure}}\cdot f_{\mathrm{unit}\oplus\mathrm{structure}}\left(x,t,d\right)\end{aligned} \tag{2}$$

其中，$f_{\mathrm{unit}\oplus\mathrm{structure}}\left(x,t,d\right)$ 为联合特征向量，W 为联合特征向量的权重。模型特征主要包括：

（1）词对齐特征：源语篇章单位与目的语篇章单位内的词是否对齐，对齐个数等。

（2）词特征：篇章单位首尾词对、分割词、分割词对等。

（3）词性特征：篇章单位首尾词性对、分割词性、分割词性对等。

（4）句法结构特征：篇章单位句法结构。

（5）篇章结构特征：结构类型、子树个数、根类型等。

（6）组合特征：以上各类特征的组合特征。

特征向量权重的采用基于平均感知机算法，其训练和解码算法如图 9-2 所示，模型评估采用召回率、正确率和 F 值。

输入：训练数据 (x_i, y_i) ；迭代次数T；训练规模N。

输出：特征权 重 w

算法：

1. 初始化权重：$w=0$
2. 迭代 T 次执行：
   对数据集中每一训练数据 (x_i, y_i) 执行如下操作：
   1）$y_i^{(j)} = \text{parse}\left(x_i, w^{(j)}\right)$
   2）若 $y_i^{(j)} != y_i$
   更新权重：$w^{(j+1)} = w^{(j)} + f(y_i) - f\left(y_i^{(j)}\right)$
3. 返回 w

（a）训练算法

输入：测试数据x

输出：篇章结构树 t

变量集：状态 item$=(S,Q)$，其中堆$S=(S_0,S_1,\cdots)$由当前生成的可能的局部篇章结构组成，$Q=(x_1,x_2,\cdots)$是当前输入序列

Agenda：当前候选状态集

Next：下一阶段候选状态集

算法：

1.在 Agenda 插入一初始 item$=(S=\text{NULL}, Q=x)$。

2.对当前候选状态集Agenda中每一状态item执行如下操作：
  1）如果状态item是候选状态集中最优状态，且为结束状态，把item转化结构树t并返回；
  2）否则，令下一阶段状态集合Next为空；
  3）对 item 分别执行 SHIFT 和 REDUCE 操作：
  next.push(item.TakeAction(SHIFT(x_j)))//直接插入新的字符 x_j 到堆 S 中
  next.push(item.TakeAction(REDUCE(S_i,x_j)))
  //根据 x_j 调整 S_i 生成新的局部篇章结构

3.对 next 集合中每一个item：
  1）计算 $\text{Score}_{\text{joint}}\left(x, t^{(i)}, d\right)$；
  2）将分数最高的K个 item 加入 Agenda.

（b）解码算法

图 9-2　基本篇章单位及结构识别算法

3）汉语（源语）篇章结构生成

汉语篇章结构生成的任务是根据英语篇章结构的生成结果对汉语文本的篇章结构进行生成。由于本书拟构建的是双语篇章结构完全对齐的语料，因此在得到英语篇章结构分析结果后，即可比照该结果生成汉语的篇章结构。

9.4.2 连接词、篇章关系、中心及角色的对齐分析

连接词、篇章关系、中心、角色的对齐分析任务是在双语对齐结构基础上识别双语相应连接词、篇章关系、中心、角色的识别问题。这里不同于一般的单语分析机制，它们可以分别引入双语的相互指导机制，从而使单语的识别分析变得相对容易，即可以通过迭代方式，利用某一种语言的分析结果指导另一种语言的分析。

对齐分析的过程如下：

（1）首先分别对源语与目的语就对齐目标（连接词、篇章关系、中心或角色）进行单语分类识别，选取可信度（分值）高的结果作为初步识别结果；

（2）将识别结果中的待对齐对象进行对齐，加入对齐单元集合，对齐过程采用启发式规则；

（3）对于无法对齐的对象，例如A语言中的对象a，在B语言的对象集合中无法找到可对齐的对象，则以已对齐对象为约束，利用识别算法在B中搜索可对齐但未能识别出的候选集合{b}；

（4）利用（2）中方法对a与{b}中每一个对象进行对齐，若无法对齐，则说明a识别错误，并从识别结果中删除，否则选取最优对齐结构b'，将a与b'加入对齐单元集合，同时将{b}-b'加入识别结果。

以上（3）、（4）迭代进行，直到A与B均无可对齐的对象。

上述过程中，连接词、篇章关系、中心及角色的识别过程可看作分类过程，因此仍可以采用随机森林方法进行分类学习。

9.5　算法设计可行性及创新点

在具体实现方案上，本书具有可行性及创新性：

篇章结构对齐分析基于统一理论体系的篇章结构平行语料库，可以避免不同理论体系下双语篇章结构对齐的体系差异干扰，特别是由于篇章结构语料库本身标注了结构对齐信息，在该资源基础上进行的分析技术和对齐技术有利于实现双语篇章结构对齐分析。

根据篇章结构对齐任务特点，提出由单语结构分析所指导的双语结构对齐方法，分别用源语的基本篇章单位识别指导目的语的单位识别和用目的语的结构生成指导源语的结构生成，由此可以保证双语结构完全对齐且反映翻译结构。

在计算模型上，提出一个单位分割和结构分析相结合的联合模型来实现篇章单位识别与结构生成，该模型把识别与生成统一成一个问题，可以相互利用二者的特征信息，提高彼此的效果，有效防止了线性处理方法所造成的错误传播问题，由此可以最终实现汉英篇章结构的完全对齐分析。

本项目基于篇章结构平行语料库，结合汉英篇章结构特点，采取“单语结构分析指导的双语结构对齐”方法，分析与对齐融合进行，实现汉英篇章结构完全对齐分析。在计算模型上，提出一个单位分割和结构分析相结合的联合模型来实现篇章单位识别与结构生成，该模型把识别与生成统一成一个问题，相互利用二者的特征信息，提高彼此的效果，有效地防止了线性处理方法所造成的错误传播问题，最终实现汉英篇章结构的完全对齐分析。

9.6　总　　结

本章结合双语篇章结构对齐技术分析现有对齐技术与篇章结构分析技术现状，规划了本书所提汉英篇章结构平行语料库模式的双语篇章结构对齐分析技术任务，初步设计基本的计算模型及算法。具体的技术实现更令人期待，笔者将继续努力，并期待更多研究者的加入。

参 考 文 献

柏晓静，常宝宝，詹卫东，等. 2002. 构建大规模的汉英双语平行语料库//黄河燕主编. 机器翻译研究进展. 北京：电子工业出版社：124-131.

邓景滨. 1996. 港澳新词语构造八法. 暨南学报（哲学社会科学版），（4）：126-131.

董秀芳. 2003. “的”字短语做后置关系小句的用法——兼评法律文献中“的”字短语的用法. 语言文字应用，（4）：120-126.

冯文贺. 2013. 汉英篇章结构平行语料库的对齐标注研究. 中文信息学报，（6）：158-164.

冯文贺，郭海芳，杨华. 2019. 法律文本中表条件“的”字结构的英译. 中文信息学报，（2）：26-33.

冯文贺，李艳翠，任函，等. 2017. 汉英篇章结构平行语料库的对齐标注评估. 中文信息学报，（3）：86-93.

冯文贺，李艳翠，周国栋. 2014. 汉英篇章结构平行语料库对齐标注的难点与对策//第十届全国机器翻译研讨会，2014 年 11 月 4-6 日，中国澳门：25-35.

冯文贺，周国栋，李艳翠. 2015. 汉语篇章结构语料库（CDTB1. 0）（未出版）.

何彦青，张娟. 2014. 子句对齐及其在专利统计机器翻译中的应用. 中国科技资源导刊，（4）：86-93.

胡红玲. 2014. 汉语法律条文中“的”字结构的翻译. 渭南师范学院学报，（20）：20-23.

胡开宝，邹颂兵. 2009. 莎士比亚戏剧英汉平行语料库的创建与应用. 外语研究，（5）：64-71.

黄伯荣，廖序东. 2011. 现代汉语. 增订五版. 北京：高等教育出版社.

黄立波. 2007. 基于汉英/英汉平行语料库的翻译共性研究. 上海：复旦大学出版社.

乐明. 2008. 汉语篇章修辞结构的标注研究. 中文信息学报，（4）：19-23.

李德俊. 2008. 英汉平行语料库（PECC）建成. 外语研究，（6）：73.

李维刚，刘挺，张宇. 2006. 基于长度和位置信息的双语句子对齐方法. 哈尔滨工业大学学报，（5）：689-692.

李艳翠. 2015. 汉语篇章结构表示体系及资源构建研究. 苏州：苏州大学博士学位论文.

李艳翠，冯文贺，周国栋，等. 2013. 基于逗号的汉语子句识别研究. 北京大学学报（自然科学版），（1）：7-14.

李艳翠，孙静，周国栋，等. 2014. 基于清华汉语树库的复句关系词识别与分类研究. 北京大学学报（自然科学版），（1）：118-124.

林克难，籍明文. 2002. 法律文书中“的”字结构翻译探讨. 上海科技翻译，（3）：21-23.

刘群. 2008. 汉英机器翻译若干关键技术研究. 北京：清华大学出版社.

刘泽权，田璐，刘超朋. 2008.《红楼梦》中英文平行语料库的创建. 当代语言学，（4）：329-339.

吕学强，李清隐，任飞亮，等. 2003. 基于统计的汉英法律文献亚句子级对齐. 东北大学学报，（1）：23-26.

吕雅娟，赵铁军，李生. 2003. 单语句法分析指导的双语结构对齐. 计算机研究与发展，（7）：970-976.

马毛朋. 2012. 港式中文连词调查报告. 汉语学报，（4）：64-72.

潘文国. 2010. 汉英语言对比概论. 北京：商务印书馆.

彭宣维. 2000. 英汉语篇综合对比. 上海：上海外语教育出版社.

仝小艳，陈伟. 2012. 基于平行语料库的汉语法律文本“的”字结构英译研究——以20世纪90年代民商法为例. 海外英语，（17）：156-157.

盛炎. 2001. 谈港澳地区中文公文中的语言问题. 方言，（2）：166-170.

宋柔，葛诗利. 2015. 面向篇章机器翻译的英汉翻译单位和翻译模型研究. 中文信息学报，（5）：125-135.

宋柔，葛诗利，尚英，等. 2017. 面向文本信息处理的汉语句子和小句. 中文信息学报，（2）：18-24.

苏金智. 1997. 英语对香港语言使用的影响. 中国语文，（3）：219-226.

苏小妹. 2011. 港澳立法语言中义务类情态动词比较分析/第七届全国语言文字应用学术研讨会论文集，2011年10月22日，湖南湘潭：120-126.

孙静，李艳翠，周国栋，等. 2014. 汉语隐式篇章关系识别. 北京大学学报（自然科学版），（1）：111-117.

索燕京，张宁. 2008. 汉语法律文件中“的”字结构的英译. 河北师范大学学报（哲学社会科学版），（5）：117-120.

王斌. 1999. 汉英双语语料库自动对齐研究. 北京：中国科学院博士学位论文.

王经益. 2009. 面向计算机的英语关系从句汉译研究. 北京：北京语言大学硕士学位论文.

王克非. 2004. 双语对应语料库：研制与应用. 北京：外语教学与研究出版社.

王文格. 2010. 现代汉语小句的研究现状及存在的问题. 汉语学习，（1）：67-76.

徐凡，朱巧明，周国栋. 2013. 基于树核的隐式篇章关系识别. 软件学报，（5）：1022-1035.

徐优平，张淑娅. 2014. 法律法规中“的”字结构的使用情况与英译策略. 丽水学院学报，（4）：61-67.

杨聪荣. 2005. 香港的语言问题与语言政策——兼谈香港语言政策对客语族群的影响. http://web. ntnu. edu. tw/~edwiny/pdf/02-hk-langu-policy. pdf[2018-03-26].

姚双云. 2006. 复句关系标记的搭配研究及相关解释. 武汉：华中师范大学博士学位论文.

姚双云，黄翊. 2014. 澳门与内地新闻语篇词汇差异的计量研究. 语言文字应用，（2）：27-37.

曾薇，刘上扶. 2010. 澳门的多语现象与语言政策. 东南亚纵横，（1）：103-107.

张桂菊. 2010. 澳门语言状况与语言政策. 语言文字应用，（3）：43-51.

张牧宇，宋原，秦兵，等. 2014. 中文篇章级句间语义关系体系及标注. 中文信息学报，（2）：28-36.

张艳，柏冈秀纪. 2005. 基于长度的扩展方法的汉英句子对齐. 中文信息学报，（5）：31-36.

章振邦. 2013. 新编英语语法教程. 上海：上海外语教育出版社.

赵春利，石定栩. 2015. 港澳中文与标准中文“经”字句比较研究. 云南师范大学学报（哲学社会科学版），（1）：25-33.

中华人民共和国国家标准. GB/T15834—2011，标点符号用法. 2012. 北京：中国标准出版社.

朱德熙. 2001. “的”字结构和判断句. 北京：商务印书馆.

朱永生，郑立信，苗兴伟. 2001. 英汉语篇衔接手段对比研究. 上海：上海外语教育出版社.

Asher, N. & Lascarides, A. 2003. *Logics of Conversation*. Cambridge: Cambridge University

Press.

Baldridge, J. & Lascarides, A. 2005. Probabilistic head-driven parsing for discourse structure. In *Proceedings of the Ninth Conference on Computational Natural Language Learning* (pp. 96-103), June 29-30. Ann Arbor, Michigan: Association for Computational Linguistics.

Brown, P. F., Lai, J. C. & Mercer, R. L. 1991. Aligning sentences in parallel corpora. In *Proceedings of the 29th annual meeting on Association for Computational Linguistics* (pp. 169-176) , June 18-21. Berkeley, California: Association for Computational Linguistics.

Carlson, L., Marcu, D. & Okurowski, M. E. 2003. Building a discourse-tagged corpus in the framework of rhetorical structure theory. In J. van Kuppevelt & R. W. Smith (Eds.), *Current and New Directions in Discourse and Dialogue* (*Text, Speech and Language Technology, Vol. 22*). Dordrecht: Springer.

Chen, S. F. 1993. Aligning sentences in bilingual corpora using lexical information. *Computer Knowledge & Technology, 46* (3): 9-16.

Chuang, T. C. & Yeh, K. C. 2005. Aligning parallel bilingual corpora statistically with punctuation criteria. *International Journal of Computational Linguistics & Chinese Language Processing, 10* (1), 95-122.

Collier, N., Ono, K. & Hirakawa, H. 1998. An experiment in hybrid dictionary and statistical sentence alignment. In *Proceedings of the 17th International Conference on Computational Linguistics* (Vol.1, pp.268-274), August 10-14. Montreal, Quebec, Canada: Association for Computational Linguistics.

Dines, N., Lee, A., Miltsakaki, E., et al. 2005. Attribution and the (non-)alignment of syntactic and discourse arguments of connectives. In *Proceedings of the Workshop on Frontiers in Corpus Annotations II: Pie in the Sky* (pp. 29-36), June 29. Ann Arbor, Michigan: Association for Computational Linguistics.

Duverle, D. A. & Prendinger, H. 2009. A novel discourse parser based on support vector machine classification. In *Proceedings of the Joint Conference of the 47th Annual Meeting of the ACL and the 4th International Joint Conference on Natural Language Processing of the AFNLP* (Vol. 2, pp. 665-673), August 2-7. Suntec, Singapore: Association for Computational Linguistics.

Elwell, R. & Baldridge, J. 2008. Discourse connective argument identification with connective specific rankers. In *ICSC '08 Proceedings of the 2008 IEEE International Conference on Semantic Computing* (pp.198-205), August 4-7. IEEE Computer Society Washington, DC, USA.

Feng, W., Guo, H., Cao, D., et al. 2018. A Comparative Study on Coordinate Relations of Chinese Official Documents in Mainland, Hong Kong and Macau. In *Proceedings of the 19th Chinese Lexical Semantics Workshop, CLSW2018* (pp. 758-771), May 26-28. Chiayi, China.

Feng, W., Yang, Y., Li, Y., et al. 2016. Study on the English Corresponding Unit of Chinese Clause. In *Proceedings of the 5th CCF Conference on Natural language processing and Chinese Computing, NLPCC2016* (pp. 129-140), December 2-6. Kunming, China.

Gale, W. A. & Church, K. W. 1993. A program for aligning sentences in bilingual corpora. *Computational Linguistics*, *19* (1), 75-102.

Gong, Z., Zhang, M. & Zhou, G. 2011. Cache-based document-level statistical machine translation. In *Proceedings of the Conference on Empirical Methods in Natural Language Processing* (pp. 909-919), July 27-31. Edinburgh, United Kingdom: Association for Computational Linguistics. Edinburgh, United Kingdom.

Hernault, H., Bollegala, D. & Ishizuka, M. 2010. A sequential model for discourse segmentation. In *CICLing '10 Proceedings of the 11th International Conference on Computational Linguistics and Intelligent Text Processing* (pp.315-326), March 21-27. Iaşi, Romania.

Hernault, H., Prendinger, H. & Ishizuka, M. 2010. HILDA: A discourse parser using support vector machine classification. *Dialogue & Discourse*, *1*(3),1-33.

Hobbs, J. R. 1979. Coherence and coreference. *Cognitive science*, *3*(1), 67-90.

Huang, H. H. & Chen, H. H. 2011. Chinese discourse relation recognition. In *Proceedings of 5th International Joint Conference on Natural Language Processing* (pp. 1442-1446), November 8-13. Chiang Mai, Thailand.

Joty, S., Carenini, G. & Ng, R. T. 2012, July. A novel discriminative framework for sentence-level discourse analysis. In *Proceedings of the 2012 Joint Conference on Empirical Methods in Natural Language Processing and Computational Natural Language Learning* (pp. 904-915), July 12-14. Jeju Island: Association for Computational Linguistics.

Kaji, H., Kida, Y. & Morimoto, Y. 1992. Learning translation templates from bilingual text. In *Proceedings of the 14th Conference on Computational Linguistics* (Vol. 2, pp. 672-678), August 23-28. Nantes, France: Association for Computational Linguistics.

Kay, M. & Röscheisen, M. 1993. Text-translation alignment. *Computational linguistics*, *19*(1), 121-142.

Kit, C., Webster, J. J., Sin, K. K., et al. 2004. Clause alignment for Hong Kong legal texts: A lexical-based approach. *International Journal of Corpus Linguistics*, *9*(1), 29-51.

Le Thanh, H., Abeysinghe, G. & Huyck, C. 2004. Automated discourse segmentation by syntactic information and cue phrases. In *Proceedings of the IASTED International Conference on Artificial Intelligence and Applications (AIA 2004)* (pp. 411-415), February. Innsbruck, Austria.

Li, Y., Feng, W., Sun, J., et al. 2014. Building Chinese Discourse Corpus with Connective-driven Dependency Tree Structure. In *Proceedings of the 2014 Conference on Empirical Methods in Natural Language Processing (EMNLP)* (pp. 2105-2114), October 25-29. Doha, Qatar: Association for Computational Linguistics.

Lin, Z., Kan, M. Y. & Ng, H. T. 2009. Recognizing implicit discourse relations in the Penn Discourse Treebank. In *Proceedings of the 2009 Conference on Empirical Methods in Natural Language Processing* (Vol. 1, pp. 343-351), August 6-7. Singapore: Association for Computational Linguistics.

Liu, Y., Huang, Y., Liu, Q., et al. 2007. Forest-to-string statistical translation rules. In *Proceedings of the 45th Annual Meeting of the Association of Computational Linguistics* (pp. 704-711), June 23-30. Prague, Czech Republic: Association for Computational Linguistics.

Liu, Y., Liu, Q. & Lin, S. 2006. Tree-to-string alignment template for statistical machine translation. In *Proceedings of the 21st International Conference on Computational Linguistics and the 44th Annual Meeting of the Association for Computational Linguistics* (pp. 609-616), July 17-18. Sydney, Australia: Association for Computational Linguistics.

Mann, W. C. & Thompson, S. A. 1988. Rhetorical structure theory: Toward a functional theory of text organization. *Text*, *8* (3), 243-281.

Marcu, D., Amorrortu, E. & Romera, M. 1999. Experiments in constructing a corpus of discourse trees. In *Proceedings of the ACL Workshop on Standards and Tools for Discourse Tagging* (pp. 48-57), June 21. Maryland, USA: Association for Computational Linguistics.

Marcu, D., Carlson, L. & Watanabe, M. 2000. The automatic translation of discourse structures. In *Proceedings of the 1st North American Chapter of the Association for Computational Linguistics Conference* (pp. 9-17), April 29-May 4. Seattle, Washington: Association for Computational Linguistics.

Melamed, I. D. 2000. Models of translational equivalence among words. *Computational Linguistics, 26*(2), 221-249.

Meyer, T., Popescu-Belis, A., Zufferey, S., et al. 2011. Multilingual annotation and disambiguation of discourse connectives for machine translation. In *Proceedings of the SIGDIAL 2011 Conference* (pp. 194-203), June 17-18. Portland, Oregon: Association for Computational Linguistics.

Pitler, E., Louis, A. & Nenkova, A. 2009. Automatic sense prediction for implicit discourse relations in text. In *Proceedings of the Joint Conference of the 47th Annual Meeting of the ACL and the 4th International Joint Conference on Natural Language Processing of the AFNLP* (Vol. 2, pp. 683-691), August 2-7. Suntec, Singapore: Association for Computational Linguistics.

Popescu-Belis, A., Meyer, T., Liyanapathirana, J., et al. 2012. Discourse-level annotation over europarl for machine translation: Connectives and pronouns. In *Proceedings of the eighth International Conference on Language Resources and Evaluation (LREC)* (pp.2716-2720), May 21-27. Istanbul, Turkey.

Prasad, R., Dinesh, N., Lee, A., et al. 2008.The Penn Discourse TreeBank 2.0. In *Proceedings of International Conference on Language Resources and Evaluation* (Lrec 2008) (pp.2961-2968), May 28-30. Marrakech, Morocco.

Prasad, R., Joshi, A. & Webber, B. 2010. Realization of discourse relations by other means: Alternative lexicalizations. In *Proceedings of the 23rd International Conference on Computational Linguistics* (pp.1023-1031), August 23-27. Beijing, China: Association for Computational Linguistics.

Simard, M., Foster, G. F. & Isabelle, P. 1993. Using cognates to align sentences in bilingual corpora. In *Proceedings of the 1993 Conference of the Centre for Advanced Studies on*

Collaborative Research: Distributed Computing (Vol. 2, pp.1071-1082), October 24-28. Toronto, Ontario, Canada: IBM Press.

Soricut, R. & Marcu, D. 2003. Sentence level discourse parsing using syntactic and lexical information. In *Proceedings of the 2003 Conference of the North American Chapter of the Association for Computational Linguistics on Human Language Technology* (Vol. 1, pp. 149-156), May 27-June 1. Edmonton, Canada: Association for Computational Linguistics.

Sun, J., Zhang, M. & Tan, C. L. 2010. Discriminative induction of sub-tree alignment using limited labeled data. In *Proceedings of the 23rd International Conference on Computational Linguistics* (pp.1047-1055), August 23-27. Beijing, China.

Tan, C. L. & Nagao, M. 1995. Automatic alignment of Japanese-Chinese bilingual texts. *IEICE Transactions on Information and Systems, 78*(1), 68-76.

Tofiloski, M., Brooke, J. & Taboada, M. 2009. A syntactic and lexical-based discourse segmenter. In *Proceedings of the ACL-IJCNLP 2009 Conference Short Papers* (pp. 77-80), August 2-7. Suntec, Singapore: Association for Computational Linguistics.

Tu, M., Zhou, Y. & Zong, C. 2013. A novel translation framework based on rhetorical structure theory. In *Proceedings of the 51st Annual Meeting of the Association for Computational Linguistics* (Vol. 2, pp. 370-374), August 4-9. Sofia, Bulgaria: Association for Computational Linguistics.

Wang, W., Su, J. & Tan, C. L. 2010. Kernel based discourse relation recognition with temporal ordering information. In *Proceedings of the 48th Annual Meeting of the Association for Computational Linguistics* (pp. 710-719), July 11-16. Uppsala, Sweden: Association for Computational Linguistics.

Watanabe, H., Kurohashi, S. & Aramaki, E. 2000. Finding structural correspondences from bilingual parsed corpus for corpus-based translation. In *Proceedings of the 18th Conference on Computational Linguistics* (Vol. 2, pp. 906-912), July 31-August 4. Saarbrücken, Germany: Association for Computational Linguistics.

Webber, B. L. & Joshi, A. K. 1998. Anchoring a lexicalized tree-adjoining grammar for discourse. In *Proceedings of COLING-ACL'98 Workshop on Discourse Relations and Discourse Markers* (pp.86-92), Montreal, Canada.

Wellner, B. 2009. *Sequence models and ranking methods for discourse parsing*. Ph.D. thesis.

Waltham: Brandeis University.

Wellner, B. & Pustejovsky, J. 2007. Automatically identifying the arguments of discourse connectives. In *Proceedings of the 2007 Joint Conference on Empirical Methods in Natural Language Processing and Computational Natural Language Learning* (EMNLP-CoNLL) (pp.92-101), June 28-30. Prague: Association for Computational Linguistics.

Wellner, B., Pustejovsky, J., Havasi, C., et al. 2006. Classification of discourse coherence relations: An exploratory study using multiple knowledge sources. In *Proceedings of 7th SIGDIAL Workshop on Discourse and Dialogue* (pp.117-125), July 15-16. Sydney, Australia.

Wolf, F. & Gibson, E. 2005. Representing discourse coherence: A corpus-based study. *Computational Linguistics*, *31*(2), 249-287.

Wong, B. & Kit, C. 2012. Extending machine translation evaluation metrics with lexical cohesion to document level. In *Proceedings of the 2012 Joint Conference on Empirical Methods in Natural Language Processing and Computational Natural Language Learning* (pp. 1060-1068), July 12-14. Jeju Island, Korea: Association for Computational Linguistics.

Wu, D. 1994. Aligning a parallel English-Chinese corpus statistically with lexical criteria. In *Proceedings of the 32nd Annual Meeting on Association for Computational Linguistics* (pp. 80-87), June 27-30. Las Cruces, New Mexico: Association for Computational Linguistics.

Wu, D. 1997. Stochastic inversion transduction grammars and bilingual parsing of parallel corpora. *Computational Linguistics*, *23*(3), 377-403.

Xue, N. 2005. Annotating discourse connectives in the Chinese Treebank. In *Proceedings of the Workshop on Frontiers in Corpus Annotations II: Pie in the Sky* (pp. 84-91), June 29. Ann Arbor, Michigan: Association for Computational Linguistics.

Xue, N., Xia, F., Chiou, F. D., et al. 2005. The Penn Chinese TreeBank: Phrase structure annotation of a large corpus. *Natural language engineering*, *11*(2), 207-238.

Yamamoto, K. & Matsumoto, Y. 2000. Acquisition of phrase-level bilingual correspondence using dependency structure. In *Proceedings of the 18th Conference on Computational Linguistics* (Vol. 2, pp. 933-939). Saarbrücken, Germany: Association for Computational Linguistics.

Zhang, M., Jiang, H., Aw, A., et al. 2008. A tree sequence alignment-based tree-to-tree translation model. In *Proceedings of ACL-08: HLT* (pp. 559-567), June 15-20. Columbus, Ohio, USA: Association for Computational Linguistics.

Zhou, Y. & Xue, N. 2012. PDTB-style discourse annotation of Chinese text. In *Proceedings of the 50th Annual Meeting of the Association for Computational Linguistics* (Vol. 1, pp. 69-77), July 8-14. Jeju Island, Korea: Association for Computational Linguistics.

Zhou, Z. M., Lan, M., Niu, Z. Y., et al. 2010a. The effects of discourse connectives prediction on implicit discourse relation recognition. In *Proceedings of the 11th Annual Meeting of the Special Interest Group on Discourse and Dialogue* (pp. 139-146), September 24-25. Tokyo, Japan: Association for Computational Linguistics.

Zhou, Z. M., Xu, Y., Niu, Z. Y., et al. 2010b. Predicting discourse connectives for implicit discourse relation recognition. In *Proceedings of the 23rd International Conference on Computational Linguistics* (pp.1507-1514), August 23-27. Beijing, China: Association for Computational Linguistics.

附录　CEDB 标注平台所使用的生语料预处理格式（1 篇）

chtb.0001

上海浦东开发与法制建设同步

The development of Shanghai's Pudong is in step with the establishment of its legal system

新华社上海二月十日电（记者谢金虎、张持坚）

Xinhua News Agency, Shanghai, February 10, by wire-LRB-reporters Jinhu Xie and Chijian Zhang -RRB-

上海浦东近年来颁布实行了涉及经济、贸易、建设、规划、科技、文教等领域的七十一件法规性文件，确保了浦东开发的有序进行。

In recent years Shanghai's Pudong has promulgated and implemented 71 regulatory documents relating to areas such as economics, trade, construction, planning, science and technology, culture and education, etc., ensuring the orderly advancement of Pudong's development.

浦东开发开放是一项振兴上海，建设现代化经济、贸易、金融中心的跨世纪工程，因此大量出现的是以前不曾遇到过的新情况、新问题。

对此，浦东不是简单地采取“干一段时间，等积累了经验以后再制定法规条例”的做法，而是借鉴发达国家和深圳等特区的经验教训，聘请国内外有关专家学者，积极、及时地制定和推出法规性文件，使这些经济活动一出现就被纳入法制轨道。

去年初浦东新区诞生的中国第一家医疗机构药品采购服务中心，正因为一开始就比较规范，运转至今，成交药品一亿多元，没有发现一例回扣。

Pudong's development and opening up is a century-spanning undertaking for vigorously promoting Shanghai and constructing a modern economic, trade, and financial center.

Because of this, new situations and new questions that have not been encountered before are emerging in great numbers.

In response to this, Pudong is not simply adopting an approach of "work for a short time and then draw up laws and regulations only after waiting until experience has been accumulated."

Instead, Pudong is taking advantage of the lessons from experience of developed countries and special regions such as Shenzhen by hiring appropriate domestic and foreign specialists and scholars, by actively and promptly formulating and issuing regulatory documents, and by ensuring that these economic activities are incorporated into the sphere of influence of the legal system as soon as they appear.

Precisely because as soon as it opened it was relatively standardized, China's first drug purchase service center for medical treatment institutions, which came into being at the beginning of last year in the Pudong new region , in operating up to now, has concluded transactions for drugs of over 100 million yuan and hasn't had one case of kickback.

建筑是开发浦东的一项主要经济活动，这些年有数百家建筑公司、四千余个建筑工地遍布在这片热土上。

为规范建筑行为，防止出现无序现象，新区管委会根据国家和上海市的有关规定，结合浦东开发实际，及时出台了一系列规范建设市场的文件，其中包括工程施工招投标管理办法、拆迁工作若干规定、整治违章建筑实施办法、通信设施及管线配套建设意见、建设工地施工环境管理暂行办法等，基本做到了每个环节都有明确而又具体的规定。

Construction is a principal economic activity in developing Pudong.

These years there have been several hundred construction companies and over four thousand construction sites that have spread out all over this stretch of hot turf.

In order to standardize construction procedures and to guard against the emergence of disorderly phenomena, the new region's management committee promptly announced a series of documents for standardizing the construction market in accordance with the relevant national regulations and the regulations of Shanghai Municipality, while accommodating the realities of Pudong's development.

The documents include: management methods for bidding on construction projects; a certain number of regulations for demolition and removal work; implementation methods for fixing construction that violated regulations; construction suggestions for communications installations and cable setups; provisional methods for environmental management at construction work sites; etc.

Essentially they are worked out to the point where every single link has clearly defined and specific regulations.

尽管浦东新区制定的法规性文件有些比较“粗”，有些还只是暂行规定，有待在实践中逐步完善，但这种法制紧跟经济和社会活动的做法，受到了国内外投资者的好评，他们认为，到浦东新区投资办事有章法，讲规矩，利益能得到保障。

In spite of the fact that of the regulatory documents that the Pudong new region has formulated, some are relatively "crude" and some are still only provisional regulations awaiting step-by-step completion as they are put into practice, nevertheless, this kind of approach, with the legal system tightly coupled with economic and social activities, has received positive comments from domestic and foreign investors.

They believe that in coming to the Pudong new region to invest there is methodicalness and attention to rules in the handling of business, and interests can receive safeguards.

后　　记

本书的研究工作是我博士毕业后从事有规划的、相对系统的研究的开始，于我具有重要标记意义，它标志着我开始相对独立地进行学术思考与工作。

2011年博士毕业后，我于2012年与苏州大学周国栋教授合作承担了国家自然科学基金项目“汉语篇章结构分析的资源建设与计算模型研究”（周老师主持，我是第一参与者）的研究工作，其中我主要承担语言资源建设工作。在资源建设过程中，我们提出了基于连接依存树的篇章结构表示机制，该机制融合了宾州篇章树库连接词机制与篇章修辞结构的层次化结构，还融合了一点句法依存结构关于中心的思想以取代修辞结构的关系中心决定机制。这是基于汉语提出的篇章结构表示机制，考虑了汉语的特点（如相比英语，汉语连接词少，关系中心难以从形式上进行区分），有一些特别的处理（如连接词可否增删，中心由全局确定），但总体上，它还是一般语言理论（这是我们的追求）。既然是一般语言理论，那么它就不应该只适合汉语。于是，我就想在其他语言上也试一试我们的理论管用与否。我是汉语语言学出身，单纯分析外语不是专长，于是就想到了汉英双语平行语料库。原来的篇章结构语料库基本都是单语的，我创建双语的，岂不就是创新。心头一动。

一考察就发现，现有平行语料库一般都是句对齐，而且主要是大句（sentence）对齐，几乎没有小句（clause）对齐，更没有以小句为起点的篇章结构对齐的双语平行语料库。这么一想，创新又有了新起点，即双语篇章结构平行语料库，而且于平行语料库而言，似乎有了新的理论意义。心头再动。

于我的研究经历而言，语料库一是用于自然语言处理，二是用于语言学研究。对于平行语料库，在自然语言处理中当然首先是用于机器翻译。考察在线机器翻译系统后发现，大长句的翻译果然是个难题，而大长句往往是篇章结构方面的问题，而非句法方面的问题，和小短句的结构性质有根本不同。以往的机器翻译中所用的语料库往往是大句对齐，并不关注内部包含的大句与小句的结构性质差异，特别是忽视了大句包含的篇章结构信息。而我们的篇章结构平行语料库恰恰关注小句以上的双语篇章结构对齐。这么一想，篇章结构平行语料库的应用意义重大，令人兴奋不已。这么想的结果就是，2013 年我申请教育部人文社科研究基金项目“汉英篇章结构平行语料库构建研究”，一申而中。后来，我们的工作得到苏州大学张民教授、厦门大学陈毅东副教授等一些机器翻译研究专家的关注。

语料库的另一个应用是语言学研究。我是语言学出身，自然更多思考语料库在这方面的运用。事实上，语料库研制的过程也会涉及深入的语言学研究，它类似于方言学家的田野调查，而且是普查，费力更费神。由于面对大量语言事实，不断面临语言事实复杂性和所提语言理论框架简洁性的冲突。这些问题如何解决？一方面是重新审视理论，另一方面是重新审视语言事实，前者着眼于语言理论的完善，后者着眼于语言本体的规律发现。总之，理论与事实相互反馈，分析方案和语料标注反复修改，折腾一遍又一遍。做不完的事，不亦乐乎。好在我相信，改来改去就有问题，有问题就有研究，就有文章。

平行语料库自然最好用于语言对比与翻译。由于我们事先有一个篇章结构理论框架，在此之下，再来观照双语，并且结构对齐了看，就能更准确、更深入发现与思考以往不能注意到的双语差异及语言本体认识问题，如对汉语法律中表条件的“的”字结构的翻译考察及对“的”字结构的再认识。我本来是做汉语研究的，这下跨到了双语，为了更好地了解相关研究领域，我承担了汉教专业本科生“英汉语言对比”课程，还在暑期参加了上海交通大学举办的“语料库翻译学”方面的培训班。由于这方面的思考和准备，在已有基础上，2015 年我申请并获批河南省教育厅哲学社科基础研究重大项目“汉英/英汉篇章结构平行语料库构建与语言对比研究”。

本书的工作主要是在以上两个科研项目支持下完成的。研究没有尽头，作为科研项目终须了结，于是始有此书。本书的大部分内容都曾作为阶段性成果在《中文信息学报》、全国机器翻译会议（CWMT）、中国计算语言学会议(CCL)、自然语言处理与中文计算会议（NLPCC）等期刊或会议上发表过或报告过。

研究没有尽头，本书写就时我尚有难以释怀之处。其中最让我介怀的是，我们设计篇章结构平行语料库，一直希望用于篇章机器翻译，然而，始终未能实现真正意义上的应用。原因在于，一则我能力不够，不能亲自操练，又没能和机器翻译专家深入结合；二则至 2015 年前后，深度学习在机器翻译领域广泛应用并使得翻译性能快速提高，机器翻译的工作框架及范式发生了重大变化，基于深度学习的神经机器翻译架构采用端到端的模式，从双语语料到机器翻译结果完全靠神经翻译模型自动学习和自动生成。而当前神经机器翻译模型主要以句子为单位进行编码和解码，缺少篇章建模机制，因此篇章结构分析很难被神经翻译模型利用。特别是，在模型架构稳定的情况下，双语语料的质量和规模对于机器翻译的作用是主导的，标注语料和语言分析如何加进机器翻译的框架则成了问题，若加得不恰当往往好初心变成坏结果，出力不讨好。再考察在线翻译系统现状，确实效果惊人，我们关注的一些篇章问题，一些有所缓解，一些依然顽固。尽管技术飞速发展，然问题缓解之处与顽固之处，缘何、如何从语言之理阐释与应对，于我并未解，不能释怀。

本书在语料库的应用上，对于一些语言对比问题只是点到，并未深入；还有一些方面的工作想到了，也很重要，做了初步考察，但尚不细致，未系统成文，只能将来成熟时再补上。另外，基于语料库进行双语篇章结构的自动对齐标注，我只是做了一些任务及方案的规划，也期待将来能够实现，以自动构建大规模语料库，真正服务于机器翻译等相关应用。

本书大部分工作是我在河南科技学院工作时完成的，从汉语篇章分析到双语篇章分析，我一直与我的同事、计算机专业李艳翠博士合作，本书的计算设计、实验及统计工作等，很多由李艳翠博士完成。我的多位学生参与了相关工作，常伟设计了本书的标注软件，苗梦华、温晓莹、曹登霞、林光伟、杨华等先后参与过语料标注工作。我的同学任函博士参与了汉英篇章结构自动对齐模型等工作。到广东外语外贸大学工作后，我和宋柔教授、葛诗利教授就语篇分析有很多深入讨论，我也在语篇研究小组汇报过本书工作及我正在进行的篇章研究工作并得到深刻建议，受益匪浅。当我怀着忐忑心情于国庆节前夕向宋老师索书序时，他又于国庆假日期间审读了全书，并慨然赐序（宋老师自语“读书报告”）。书序对语言数据与自然语言处理关系的论述，无疑体现了最杰出的计算语言学家的远见卓识，而对篇章分析及本书工作的评述如此中肯、深刻，是只有深谙篇章分析的语言学家和计算语言学家才能做出的。我再次从宋老师处深受教益。科学出版社常春娥女士及多位编辑耐心细致地对本书进行多轮审校。感谢各位的帮助。

还应该感谢我学术成长路上的多位师长。我的硕士导师华中师范大学李向农教授指引我踏上语言研究的职业之路。我的博士导师武汉大学姬东鸿教授将我引入语言与计算结合的语言研究方向，他对创新性研究的点拨使我豁然开朗。我的博士后导师武汉大学何炎祥教授慨然接受我这个语言学背景的学生从事计算机专业博士后研究，他的豁达与宽容使我可以独立从容地专注于属于我的研究。我从事篇章分析研究，源于与苏州大学周国栋教授的合作，从此我有了相对锁定的研究领域。感谢本书主要研究工作完成阶段的同仁好友苗国义博士、侯冬梅博士、牛慧芳博士、宋培杰博士、郭向敏老师、张晓庆博士等，我们一同探讨语言学、计算语言学问题，规划自己的学术之路与人生之路并为之奋斗。感谢我先后工作过的河南科技学院、广东外语外贸大学的科研处及我所在院所的领导、同事对本书工作的大力支持。感谢我的家人，给我温暖，给我力量。

本书疏漏之处在所难免，请诸位读者、同仁不吝赐教。

冯文贺

2019 年 10 月中旬